beck'sche reihe

W0303316

bsr

Jedes vierte Kind leidet bereits im Grundschulalter unter Appetitlosigkeit, Bauchweh, Kopfschmerzen oder Schlafschwierigkeiten, wobei die Ursachen für diese Beschwerden keineswegs immer in körperlichen Krankheiten liegen. Vielmehr sind sie häufig Ausdruck der alltäglichen Überforderung des Kindes in der Schule, in der Familie oder in der Freizeit – sie sind typische Anzeichen von Streß bei Kindern.

Dieses Buch erläutert, wie und wann Streß bei Kindern entsteht, indem es anhand konkreter Fallbeispiele in die kindliche Vorstellungs- und Gedankenwelt einführt und das Phänomen „Streß" aus der Sicht der Kinder beschreibt. Zugleich beschreibt es Wege, die Erwachsene beschreiten können, um die Streßbelastung der Kinder zu verringern. Zu diesem Zweck bieten die Autoren mit Fragebogen, Checklisten und konkreten Übungen vielfältige praktische Hilfen an, mit denen Eltern, Lehrer und Erzieher dazu beitragen können, daß Kinder einen angemessenen Umgang mit Belastungen erlernen und Überforderungen bei Bedarf abgebaut werden.

Arnold Lohaus ist Professor für Entwicklungspsychologie an der Universität Marburg. Neben entwicklungspsychologischen Themen beschäftigen ihn vor allem Fragen der Gesundheitsförderung und Krankheitsvorbeugung bei Kindern.

Johannes Klein-Heßling ist promovierter Psychologe und wissenschaftlicher Mitarbeiter am Fachbereich Psychologie der Universität Marburg. Zudem entwickelt und vermittelt er praktische Konzepte der Streßbewältigung und Entspannungsverfahren für Kinder.

Arnold Lohaus
Johannes Klein-Heßling

Kinder im Streß und was Erwachsene dagegen tun können

Mit Illustrationen von Konny Droste

Verlag C. H. Beck

Mit zahlreichen Abbildungen, Checklisten, Fragebogen, Graphiken und Illustrationen

Die Deutsche Bibliothek – CIP-Einheitsaufnahme

Lohaus, Arnold:
Kinder im Streß und was Erwachsene dagegen tun können / Arnold Lohaus ; Johannes Klein-Heßling. Mit Ill. von Konny Droste. – Orig.-Ausg. – München : Beck, 1999
(Beck'sche Reihe ; 1335)
ISBN 3 406 42135 0

Originalausgabe

ISBN 3 406 42135 0

Umschlagentwurf: +malsy, Bremen
Umschlagabbildung: photonica/Bruno Ehrs
© C. H. Beck'sche Verlagsbuchhandlung (Oscar Beck), München 1999
Satz: Freiburger Graphische Betriebe
Druck und Bindung: C. H. Beck'sche Buchdruckerei, Nördlingen
Gedruckt auf säurefreiem, alterungsbeständigem Papier
(hergestellt aus chlorfrei gebleichtem Zellstoff)
Printed in Germany

Inhalt

Einführung

Kopfweh, Bauchweh, Schlafschwierigkeiten und Appetitlosigkeit: Fast jedes vierte Kind im Grundschulalter hat mehrmals in der Woche Symptome wie diese. Die Ursachen für diese Beschwerden liegen keinesfalls immer in körperlichen Erkrankungen. Oft sind sie Ausdruck alltäglicher Überforderungen in der Schule, in der Familie und in der Freizeit.

Ob ein Kind sich überfordert fühlt, hängt einerseits von der Gestaltung der Umwelt ab (von Anforderungen in der Schule, Möglichkeiten zum Spielen, Austoben und Ausruhen). Andererseits tragen auch Kinder mit ihren Vorstellungen, Gedanken, Wünschen und Befürchtungen dazu bei, ob sie eine Anforderung als Herausforderung oder als Überforderung erleben. Auch die eigenen Fähigkeiten, mit Belastungen umzugehen (wie sich abzulenken oder zu entspannen, mit anderen über Probleme zu sprechen oder sich bei Mißerfolgen auf die eigenen Stärken zu besinnen), können die negativen Auswirkungen von unangemessenen Umweltanforderungen verhindern oder abschwächen.

Was Kinder wirklich als Belastung wahrnehmen, erschließt sich dem Erwachsenen nur selten. So kann ein Versagen vor der Schulklasse für ein Kind sehr belastend sein – aus der Perspektive des Erwachsenen dagegen stellt es vielleicht eine Lappalie dar. Und so fällt es vielen Erwachsenen schwer, zu erkennen, wann es notwendig ist, ein Kind bei der Streßbewältigung zu unterstützen. Und auch dann, wenn dies erkannt worden ist, weiß ein Erwachsener oft nicht, auf welche Weise er am besten helfen kann.

Ziel dieses Buches ist es, Eltern, Erzieher und Lehrer darin zu unterstützen, positiv auf das Streßerleben von Kindern Einfluß zu nehmen, indem sie Kinder mit Anforderungen konfrontieren, die die Kinder entsprechend ihren eigenen Fähigkeiten fördern, aber nicht allzu oft überfordern.

Das Buch ist so gestaltet, daß Erwachsene

- mehr über das Streßerleben und die Streßbewältigung von Kindern erfahren;
- Anforderungen und Bewältigungsmöglichkeiten aus der Sicht von Kindern einzuschätzen lernen und so die Gedanken von Kindern und ihre Fähigkeiten, mit Belastungen umzugehen, besser verstehen;
- praktische Anregungen erhalten, die Umwelt von Kindern so zu gestalten, daß sie sich möglichst optimal entwickeln können und die Fähigkeit erwerben, auf Belastungen angemessen zu reagieren.

Dazu enthält das Buch eine Vielzahl von Elementen, die zu einem Streßverständnis beitragen und Wege zeigen, die Streßbelastung von Kindern zu verringern. Hierzu gehören unter anderem:

- eine Übersicht über die wissenschaftlichen Befunde zu Streß im allgemeinen und speziell bei Kindern mit einer Beschreibung typischer Streßquellen, Streßsymptome und Streßbewältigungsstrategien von Kindern;
- Fallgeschichten, die in die Vorstellungs- und Gedankenwelt von Kindern führen und das Phänomen Streß sowie die Möglichkeiten der Streßbewältigung aus der Sicht von Kindern schildern;
- Instrumente zur Wahrnehmung und Beschreibung der Situation des eigenen Kindes und der eigenen Familie (z. B. Checklisten zur Überprüfung der Umweltanforderungen und zum Erkennen typischer Streßquellen, Streßsymptome und Streßbewältigungsstrategien);
- Anregungen, Anleitungen und Übungen, mit denen Erwachsene Kinder bei der Streßbewältigung unterstützen können (z. B. Tips zur Hausaufgabenbetreuung und Freizeitgestaltung, Übungen zum Spannungsabbau und zum Aufbau positiver Gedanken, Entspannungs- und Einschlafgeschichten zum Vorlesen).

Das Buch richtet sich in erster Linie an Eltern. Außerdem soll es Erzieherinnen und Erziehern sowie Lehrerinnen und Lehrern Anregungen für die Arbeit mit Kindern geben. Es enthält Übungen, die Kinder sowohl allein als auch in einer Gruppe erlernen können.

Die folgenden Kapitel beschreiben Streß zunächst im allgemeinen und danach die Situation bei Kindern im besonderen. Es folgt ein zweiter Teil mit praktischen Hinweisen und Übungen. Beide Buchteile können unabhängig voneinander gelesen und bearbeitet werden.

Kein Buch zum Streßerleben von Kindern kann so umfassend und vollständig sein, daß jede individuelle Situation erfaßt wird. Vielleicht wird daher die Leserin oder der Leser für die eigene Situation Ergänzungen vornehmen. Auch können bei der einen oder anderen Übung kreative Erweiterungen nützlich sein. Dennoch hoffen wir, genügend Anregungen für eine produktive Auseinandersetzung mit Streß bei Kindern zu geben.

I. Streß – eine Begriffsbestimmung

Der Begriff „Streß“ ist heutzutage in aller Munde, und so weit, wie er verbreitet ist, so unterschiedlich ist das, was mit Streß bezeichnet wird: Manche verbinden typische Ausschnitte des alltäglichen Lebens mit „Streß“, wenn sie in diesen Bereichen stark gefordert werden (wie beim „Beziehungsstreß“, „Schulstreß“ oder „Urlaubsstreß“). Andere gebrauchen diesen Begriff, um einen (meist negativen) Gefühlszustand zu benennen: Sie fühlen sich „gestreßt“, wenn sie körperlich und psychisch stark angespannt und beansprucht sind. Dabei ist Streß nicht nur fester Bestandteil des Sprachgebrauchs Erwachsener. Schon im Grundschulalter kennt fast jedes Kind den Begriff Streß und verwendet ihn zur Kennzeichnung unterschiedlicher Belastungen (z. B. wenn es „Streß mit anderen“ Kindern hat oder „Streß bei den Hausaufgaben“, wenn „ein Lehrer streßt“ oder es über „stressige Eltern“ klagt).

Diese Vielfalt bei der Verwendung des Streßbegriffs im Alltag spiegelt sich auch in der wissenschaftlichen Streßforschung wider. Eine einheitliche Auffassung zur Bedeutung des Begriffes Streß gibt es auch dort nicht, wobei sich aus der Vielzahl unterschiedlicher Definitionen zumindest drei grundsätzliche Auffassungsmöglichkeiten herauskristallisieren (s. zusammenfassend auch Klein-Heßling, 1997). Diese drei Auffassungen sollen im folgenden zunächst dargestellt werden, bevor es um die Besonderheiten des Streßerlebens und der Streßbewältigung von Kindern geht.

1. Streß als Belastung

Dem Alltagsverständnis am nächsten kommt die Annahme, daß Streß durch bestimmte belastende Situationen verursacht wird (wie beispielsweise durch Termindruck oder Streit mit dem Partner). Streßerleben hängt dabei von der Art und dem Umfang der belastenden Situationen (auch *Stressoren* genannt) ab, denen jemand ausgesetzt ist. Das Ziel der Forschung ist bei dieser Betrachtung von Streß als einer belastenden Situation, streßerzeugende Ereignisse zu identifizieren und im Vergleich mit anderen Ereignissen festzulegen, welches Ausmaß an Belastung mit ihnen verbunden ist. Dieses Vorgehen hat den praktischen Nutzen, daß es ausreichen würde, die Situation zu kennen, um sagen zu können, ob und in welchem Ausmaß jemand Streß erlebt oder nicht.

Es hat in der medizinischen und psychologischen Forschung eine Vielzahl solcher Versuche gegeben, streßerzeugende Ereignisse zu identifizieren und ihnen einen Belastungswert zuzuordnen. Danach ist beispielsweise eine schwere Krankheit eines Familienmitglieds in der Regel ein Ereignis, dem ein hoher Belastungswert zukommt. Verhältnismäßig geringer ausgeprägt ist die Belastung dagegen bei einer Bagatellerkrankung, die schnell wieder auskuriert werden kann. Interessant ist, daß auch erfreulichen Ereignissen ein Belastungswert beigemessen wird. So können etwa die Hochzeit eines Familienmitglieds oder die bevorstehende Urlaubsreise, auch wenn sie grundsätzlich begrüßt werden, eine Belastung darstellen.

Bei der Untersuchung von Stressoren hat sich allerdings gezeigt, daß die Konfrontation mit Ereignissen, denen relativ hohe Belastungswerte zugeordnet werden, keineswegs bei jedem Menschen zu jeder Zeit zu vergleichbaren Streßempfindungen führt. Auch bei sehr ähnlichen Ereignissen sind die Reaktionen teilweise deutlich unterschiedlich. Die Ursachen für diese individuell unterschiedlichen Wirkungen von Stressoren lassen sich an einem Beispiel leicht verdeutlichen: Obwohl eine Scheidung im allgemeinen als ein sehr belastendes Ereignis eingestuft wird, hängt die Streßempfindung unter anderem davon ab, ob man die Trennung von dem Partner als einen Verlust empfindet oder ob eine Erleichterung eintritt, die eine Befreiung von vielen Partnerproblemen bedeutet und die Chance zu einem Neuanfang eröffnet.

Nicht das Eintreten eines bestimmten Ereignisses hat Streßerleben zur Folge, sondern vielmehr die subjektive Bewertung eines Ereignisses durch die betroffene Person. Dementsprechend zeigten Versuche, bei denen die objektiven Belastungswerte von Personen mit ihren Streßreaktionen in Beziehung gesetzt wurden, keine eindeutigen Zusammenhänge zwischen der (theoretischen)

Belastung und dem Streßempfinden. Entscheidend ist, zusätzlich die subjektive Bewertung von Ereignissen zu berücksichtigen. Dieser Aspekt ist vor allem für die weiter unten dargestellte transaktionale Streßauffassung von zentraler Bedeutung.

2. Streß als körperliche und psychische Reaktion

In der zweiten Sichtweise von Streß steht die körperliche und psychische Reaktion des Individuums auf Belastungen im Vordergrund. Streß geht demnach mit Änderungen des Denkens, Fühlens, Handelns und mit physiologischen Streßreaktionen einher. Auf der physiologischen Ebene drückt sich eine Streßreaktion in einem erhöhten Aktivierungszustand aus (beispielsweise durch eine Erhöhung der Pulsfrequenz und des Blutdrucks sowie eine erhöhte Schweißdrüsenaktivität). Die erhöhte physiologische Aktivierung kann mit einer Zunahme der Verhaltensaktivität (Hektik) verbunden sein. Mit dem sich einstellenden Gefühl der Überforderung kann es dann zu streßbezogenen Gedanken (wie „Ich schaffe das nicht", „Das ist mir alles zu viel") kommen, die das Streßempfinden noch weiter verstärken können. Allgemein kann man sagen, daß die Streßreaktionen die physiologische Ebene wie die Ebene des Denkens, Fühlens und Handelns betreffen können und dabei individuell unterschiedlich ausgeprägt sind.

Es wird davon ausgegangen, daß diese Streßreaktion in der frühen Menschheitsgeschichte für eine gute Anpassung an die Umwelt sorgte: Zur Reaktion auf ein bedrohliches Ereignis stellte sie in kürzester Zeit eine Flucht- bzw. Kampfbereitschaft her. Bei dieser biologischen Anpassungsleistung wird also eine Aktivierung des Organismus hervorgerufen, um eine Auseinandersetzung durch Kampf zu entscheiden oder ihr durch Flucht aus dem Weg gehen zu können. Auf bedrohliche Situationen mit Streß zu reagieren ist demnach in erster Linie ein natürliches Verhalten. Kritisch wird es nach dieser Auffassung von Streß vor allem dann, wenn beständig Bedrohungen wahrgenommen werden und sich der Organismus nahezu dauerhaft in einem Aktivierungszustand befindet. Dies kann die körperlichen und psychischen Abwehrkräfte schwächen und (beispielsweise durch eine Beeinflussung des Immunsystems) die Krankheitsanfälligkeit erhöhen. Als

Folge können vermehrt Infektionen, aber auch psychosomatische Beschwerdebilder wie Kopf- und Bauchschmerzen auftreten.

Das physische und psychische Reaktionsmuster, das sich in Belastungssituationen einstellt, als Streß zu bezeichnen, greift jedoch ebenfalls zu kurz, da hier die auslösende Situation aus dem Blickfeld verschwindet. Sowohl der alleinige Blick auf die streßerzeugende Situation (und die Stressoren) als auch der alleinige Blick auf die Streßreaktion erweisen sich damit als unzureichend, das Phänomen Streß in all seinen Facetten zu beschreiben und zu erklären. Beide Streßauffassungen vernachlässigen die individuellen Wahrnehmungen und Bewertungen von belastenden Situationen. Gerade diese Aspekte rückt eine weitere Theorie in den Mittelpunkt, die im folgenden Abschnitt vorgestellt wird.

3. Streß als Wechselwirkung zwischen einer Person und ihrer Umgebung

Die individuelle Bedeutung, die ein Ereignis hat, hängt nicht ausschließlich von den objektiven Eigenschaften des Ereignisses ab, sondern auch von seinen subjektiven Bewertungen. So ist etwa das „Schreiben einer Klassenarbeit" nicht alleine deswegen streßrelevant, weil vielleicht mehrere Klassenarbeiten in einem kurzen Zeitabschnitt geschrieben werden oder eine Arbeit besonders streng benotet wird, sondern es spielt auch eine Rolle, ob das „Schreiben der Arbeit" subjektiv als Bedrohung oder im positiven Sinne als Herausforderung bewertet wird. Eine Klassenarbeit zu schreiben ist für manche Kinder nahezu ein traumatisches Ereignis, weil sie damit negative Konsequenzen vorwegnehmen. Andere Kinder sehen der Arbeit mit einem gewissen Lampenfieber entgegen und nehmen sie als eine Gelegenheit wahr, ihr Talent einmal mehr zu erproben. Und für eine dritte Gruppe von Kindern hat dieses Ereignis überhaupt keine besondere Bedeutung, weil mögliche Konsequenzen für sie nicht wichtig sind. Erst im Zusammentreffen bestimmter Merkmale und Bewertungen dieser Ereignisse liegt nach der dritten Streßauffassung die Ursache des Streßerlebens.

Die Bewertung eines Ereignisses hängt dabei wesentlich von früheren Erfahrungen mit ähnlichen Situationen ab. Beispielsweise wird ein Kind, das negative Reaktionen auf eine unzureichende Leistung erwarten muß, mehr Streßreaktionen zeigen als ein Kind, bei dem auch weniger zufriedenstellende Leistungen ohne Dramatisierung zur Kenntnis genommen werden. Zwischen der streßauslösenden Situation und den Streßreaktionen liegen demnach die subjektiven Wahrnehmungen und Bewertungen des Betroffenen, von denen abhängt, wie intensiv die Streßreaktionen ausfallen. Da es sich hier um eine Wechselwirkung handelt, in der sich Person und Umwelt gegenseitig beeinflussen, wird diese Streßauffassung auch als *transaktionale Streßkonzeption* bezeichnet.

Bewertungsprozesse

Nach der transaktionalen Streßkonzeption (Lazarus, 1966; Lazarus & Launier, 1981) folgt auf die Konfrontation mit einem potentiellen Stressor zunächst eine *primäre Bewertung*, mit der eine Situation entweder als angenehm bzw. positiv, als irrelevant oder als streßbezogen eingeschätzt wird. Als streßbezogen werden dabei insbesondere Ereignisse bewertet, die als bedrohend angesehen werden, die mit einem Schaden bzw. Verlust verbunden sind oder die als Herausforderung aufgefaßt werden. Die primäre Bewertung einer Situation als streßbezogen, also die Einschätzung, daß eine Belastungssituation entstehen könnte bzw. bereits entstanden ist, ist eine Voraussetzung dafür, daß es zu einer Streßempfindung kommen kann.

In einem zweiten Schritt *(sekundäre Bewertung)* erfolgt eine Einschätzung der eigenen Bewältigungsmöglichkeiten für die wahrgenommene Belastungssituation. Traut man sich eine Bewältigung zu, fallen die Streßreaktionen weniger dramatisch aus: Die Belastungssituation erhält dadurch eher den Charakter einer Herausforderung als den einer Bedrohung. Erst wenn eine Belastungssituation wahrgenommen wird, ohne daß dafür Bewältigungsmöglichkeiten zur Verfügung stehen, kommt es zum Streßempfinden und zu Streßreaktionen. Mißerfolge bei früheren Bewältigungsversuchen wirken sich wiederum negativ auf die primäre Bewertung aus, wenn man wiederholt mit ähnlichen Situationen konfrontiert wird. Eine erfolgreiche Bewältigung dagegen kann die primäre Bewertung ähnlicher Situationen so verändern, daß eine ursprünglich bedrohliche Situation später als Herausforderung erlebt wird.

Betrachtet man die primäre und die sekundäre Bewertung eines Ereignisses an einem Beispiel, so kann das Vortragen eines Gedichtes vor der Klasse primär als bedrohlich bewertet werden, da die Gefahr eines Versagens besteht und das mögliche hämische Gelächter der Klasse als ausgesprochen unangenehm erlebt werden würde. Das Kind kann sich jedoch sagen, daß es ähnliche Situationen bisher immer vorzüglich gemeistert hat und daß es über die Kompetenzen verfügt, das Gedicht erfolgreich vorzutragen. Es wird zwar möglicherweise zu Streßreaktionen kommen, die jedoch mäßig ausfallen und bei Erfolg künftig in ähnlichen Situationen noch geringer sein werden, da wegen der positiven Einschätzung der eigenen Bewältigungskompetenzen eine geringere Bedrohung wahrgenommen wird.

Kommt es aufgrund von Erfahrungen im Umgang mit Belastungssituationen zukünftig zu veränderten Bewertungen, spricht man von „Neubewertungen“. Stellt sich umgekehrt jedoch heraus, daß das eigene Bewältigungspotential nicht ausreicht, um die Situation erfolgreich zu meistern, so daß Tadel und Kritik die Folge sind, kann angenommen werden, daß die Situation künftig noch bedrohlicher eingeschätzt wird und daß deutliche Streßreaktionen in ähnlichen Situationen (physiologische Aktivierung, Schweißausbrüche, Ängste, Vermeidungstendenzen etc.) auftreten.

Die Auffassung, daß Streß aus mehreren Bewertungsprozessen resultiert, ist in der Abbildung 1 zusammenfassend dargestellt. In diesem Buch wird im wesentlichen diese Streßauffassung zugrunde gelegt. Sie geht davon aus, daß Streßreaktionen dadurch zustande kommen, wie Problemsituationen wahrgenommen und bewertet werden (primäre Bewertung) und wie die eigenen Fähigkeiten zur Bewältigung der Probleme eingeschätzt werden. Kurz gesagt kommt es demnach zu Streß, wenn in einer als bedrohlich wahrgenommenen Situation die vorhandenen Bewältigungsmöglichkeiten als unzureichend angesehen werden. Diese Wahrnehmungen und Bewertungen beziehen sich jedoch nicht nur auf bewußte Vorgänge, vielmehr sind dem einzelnen die einer Streßreaktion vorausgehenden Kognitionen häufig verstandesmäßig nicht unmittelbar zugänglich.

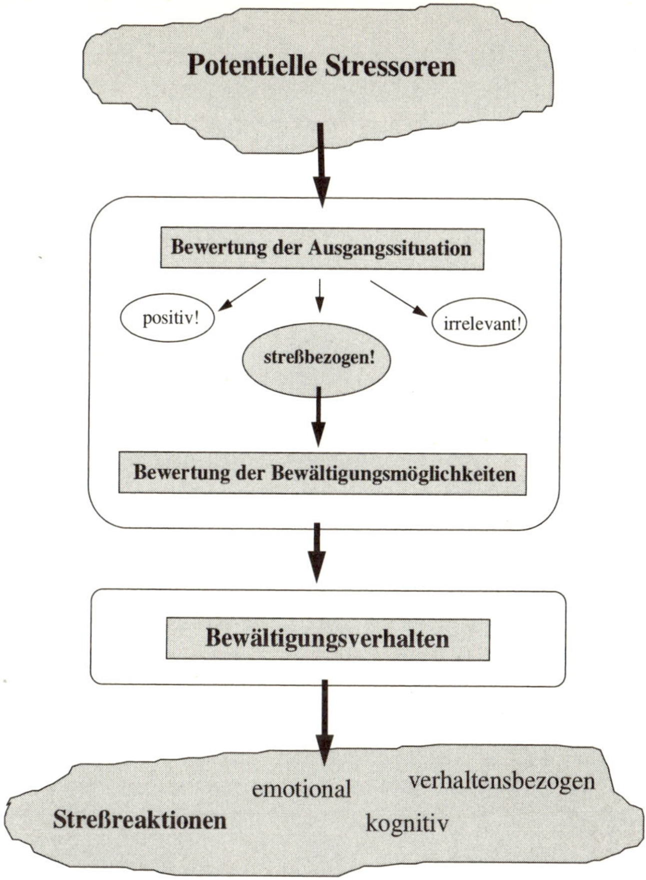

Abb. 1: Schematisch vereinfachte Darstellung der transaktionalen Streßauffassung

Streßbewältigung

Wie die transaktionale Streßauffassung zeigt, spielt das vorhandene Bewältigungspotential beim Umgang mit Stressoren eine wichtige Rolle. Es hat in der Streßforschung viele Versuche gegeben, verschiedene Bewältigungsformen gegeneinander abzugrenzen. Einige wichtige Bewältigungsformen sollen im folgenden vorgestellt werden.

Grundsätzlich kann zwischen *personalen* und *sozialen Bewältigungsressourcen* unterschieden werden. Personale Bewältigungsressourcen beziehen sich auf das Bewältigungspotential, das einer Person selbst zur Verfügung steht, um mit einer problematischen Situation umzugehen, während soziale Bewältigungsressourcen sich auf die soziale Unterstützung durch andere bei der Problemlösung beziehen. Wenn Eltern ein Problem mit ihrem Kind haben, können sie beispielsweise zunächst selbst versuchen, mit ihren eigenen Mitteln mit dieser Situation zurechtzukommen (mit Rückgriff auf ihre personalen Bewältigungsressourcen), sie können jedoch auch Rat bei anderen Personen oder Institutionen (Freunden, Bekannten, Beratungsstellen, Medien etc.) suchen, um dadurch Hilfe bei der Lösung des Problems zu erhalten (Nutzung sozialer Bewältigungsressourcen).

Betrachtet man zunächst die personalen Bewältigungsressourcen, so ist festzustellen, daß es in der Streßforschung bisher keine Einigkeit über eine geeignete Klassifizierung gibt. Es ist jedoch sinnvoll, zumindest zwei Bewältigungsformen voneinander zu unterscheiden: Es gibt die Möglichkeit, die Problemsituation zu verändern, um dadurch zu erreichen, daß sie als weniger belastend erlebt wird (problemlösende Bewältigung), und es gibt die Möglichkeit, die ausgelösten Streßreaktionen zu mindern (vor allem durch eine Beeinflussung der emotional-physiologischen Streßreaktionen). Daher wird die zweite personale Bewältigungsform als emotionsregulierende Bewältigung bezeichnet. Betrachtet man auch hierzu ein Beispiel, so kann der Streß, den eine Klassenarbeit auslöst, dadurch gemindert werden, daß die Kinder ihren Lehrer auffordern, die Klassenarbeit jeweils zuvor anzukündigen, da dadurch eine Vorbereitung möglich ist und der Überraschungs- und Überfallcharakter der Klassenarbeit entfällt. Die Kinder gehen ihr Problem damit direkt an und nutzen eine problemlösende Bewältigungsform, um zu einer Reduzierung ihres Streßempfindens beizutragen. Nehmen die Kinder dagegen bei gleicher Ausgangslage an einem Entspannungstraining teil, würden sie noch immer durch die unangekündigten Klassenarbeiten überrascht. Sie könnten jedoch versuchen, ihre emotional-physischen Streßreaktionen durch den Einsatz einer erlernten Entspannungstechnik zu reduzieren. Mit dieser emotionsregulierenden Bewältigungsform würde also das Streßempfinden nachlassen, obwohl der eigentliche Streßauslöser unverändert bliebe.

Eine dritte personale Bewältigungsform, die von den beiden genannten zusätzlich abgegrenzt werden kann, besteht in Versuchen, den belastenden Charakter bestimmter Situationen zu ignorieren. Man kann manche potentiellen Stressoren meiden oder ihren streßerzeugenden Charakter ignorieren, um nicht dadurch belastet zu werden. Dann ist es weder notwendig, ein Problem anzugehen (mit problemlösenden Bewältigungsformen), noch mit Streßreaktionen umzugehen (durch emotionsregulierende Bewältigungsformen): Ein Problem, das ignoriert oder gemieden wird, kann kurzfristig auch nicht zu Belastungen führen. Wenig Streßbelastungen sollten dementsprechend bei grenzenlosem Optimismus in allen wichtigen Lebenslagen entstehen sowie bei Versuchen, allen Belastungen grundsätzlich aus dem Weg zu gehen. Jemand, der grundsätzlich glaubt, alles schon irgendwie zu meistern, und der in dieser Grundeinstellung unerschütterlich ist, wird sich weniger durch Probleme aus der Ruhe bringen lassen als jemand, der bei jedem Problem zuallererst ein persönliches Scheitern erwartet.

Dabei liegt das Verführerische an dieser dritten Bewältigungsform darin, daß sie unmittelbar eine Erleichterung schafft. Diese positive Konsequenz kann dazu führen, daß das Ignorieren von Belastungen oder Vermeiden von Streßsituationen immer häufi-

ger eingesetzt und auch auf andere Situationen ausgedehnt wird. Längerfristig kann diese dritte Bewältigungsform dadurch verschiedene negative Konsequenzen nach sich ziehen. Ein Schüler, der beispielsweise die Anforderungen, die mit einer Klassenarbeit verbunden sind, ignoriert, könnte weniger motiviert sein, sich auf diese Aufgabe angemessen vorzubereiten. Das Ignorieren von potentiellen Belastungen kann verhindern, daß die eigenen Leistungspotentiale und -grenzen erfahren werden. Gleiches gilt für das Vermeiden von Belastungssituationen als Bewältigungsstrategie. Wer Anforderungen oder Herausforderungen aus Furcht vor Versagen nicht annimmt, ist kaum in der Lage, neue Erfahrungen zu machen, die das Selbstvertrauen stärken könnten. Darüber hinaus kann dieses Verhalten auch zu Sanktionen aus der Umwelt führen (wenn beispielsweise ein Schüler die Schule schwänzt, um befürchteten Problemen aus dem Weg zu gehen).

Betrachtet man personale und soziale Bewältigungsformen im Zusammenhang, so ist anzunehmen, daß man in der Regel zunächst versuchen wird, eine belastende Situation selbst in den Griff zu bekommen, bevor man auf soziale Unterstützung zurückgreift. Bei der sozialen Unterstützung wird wiederum zuerst das unmittelbare soziale Umfeld die wichtigste Rolle spielen, bevor professionelle Beratung und Unterstützung (durch Institutionen) in Anspruch genommen werden. Wieweit das unmittelbare soziale Umfeld Unterstützung gewähren kann, hängt allerdings davon ab, wie gut die sozialen Beziehungen innerhalb des sozialen Netzes einer Person sind. Ein Kind, das wenig Freunde hat, an die es sich wenden kann, und das darüber hinaus über keine guten Beziehungen zu erwachsenen Bezugspersonen verfügt, wird dementsprechend kaum soziale Unterstützung erfahren, wenn es mit Problemen konfrontiert ist. Es muß auf seine personalen Bewältigungskompetenzen vertrauen oder versuchen, professionelle Hilfe zu erhalten. Das Bewältigungspotential ist hier deutlich eingeschränkt.

Es hat viele Versuche gegeben, besonders geeignete Bewältigungsformen zu identifizieren. Sie haben jedoch ergeben, daß es keine überlegenen Bewältigungsformen gibt, sondern daß es von der jeweiligen Belastungssituation abhängt, ob eine Bewältigungsform geeignet ist oder nicht. Vergleicht man beispielsweise problemorientierte und emotionsregulierende Bewältigungsformen miteinander, so scheint auf den ersten Blick die problemorientierte Bewältigung vorteilhafter zu sein, da das bestehende Problem dadurch gelöst und eine emotionsregulierende Bewältigung überflüssig wird. Die Grenzen werden jedoch deutlich, wenn man bedenkt, daß es Belastungssituationen geben kann, die sich nicht unmittelbar verändern lassen. Kinder können beispielsweise versuchen, die Klassenarbeitssituation angenehmer zu gestalten (z.B. indem sie mit dem Lehrer die Ankündigung der Klassenarbeit aushandeln), sie können jedoch in der Regel nicht grundsätzlich vermeiden, daß Klassenarbeiten geschrieben werden. Da sich das Problem nicht aus der Welt schaffen läßt, können hier emotionsregulierende Strategien hilfreich sein, um mit den verbleibenden Belastungen besser zurechtzukommen.

Eine Voraussetzung für effektive Streßbewältigung liegt in der Verfügbarkeit eines breiten Spektrums von Streßbewältigungsstrategien, die situationsgerecht eingesetzt werden. Kinder (und auch Erwachsene) sollten also nicht nur lernen, sich verschiedene Bewältigungsmöglichkeiten nutzbar zu machen, sondern sie sollten auch die Kompetenz erwerben, je nach der Problemlage geeignete Bewältigungsformen auszuwählen. Gleichzeitig ist dabei zu bedenken, daß es individuelle Vorlieben für bestimmte Bewältigungsformen geben kann. Während manche Kinder vorrangig auf soziale Unterstützung setzen und bei jeder sich bietenden Gelegenheit die Eltern um Hilfe bitten, steht bei anderen Kindern die aktive Suche nach Problemlösungen im Vordergrund, ohne fremde Unterstützung zu akzeptieren. Wenn die Präferenzen allerdings extrem werden, sind gegebenenfalls Korrekturen erforderlich, um Einseitigkeiten zu vermeiden.

Nachdem gezeigt wurde, daß Streß über mehrere Entwicklungsstufen entsteht, die eine Bewertung der Situation und darüber hinaus auch eine Einschätzung der eigenen Bewältigungskompetenzen umfassen, soll es im folgenden um Bedingungen gehen, die zusätzlich zur Streßentstehung beitragen können: die Häufung von Belastungssituationen und die Wechselwirkung mit anderen Personen.

4. Streß als Häufung von Belastungen

Jeder ist täglich einer Vielzahl von Belastungen ausgesetzt, die als Streß erlebt werden können, und meistens macht es keine große Mühe, mit den alltäglichen Problemen umzugehen. Denn viele der alltäglichen Ereignisse sind vorhersehbar, und man kann sich auf sie einstellen. Hinzu kommt, daß die notwendigen Bewältigungsschritte aus der bisherigen Erfahrung hinlänglich bekannt sind, so daß keine größeren unangenehmen Überraschungen zu erwarten sind. Die Probleme sind damit nicht nur vorhersehbar, sondern auch kontrollierbar.

Kritisch wird die Situation häufig erst, wenn größere Belastungen (in der Streßforschung auch als „kritische Lebensereignisse" bezeichnet) dazukommen. Ereignisse wie Erkrankungen, ein Umzug in einen anderen Wohnort oder eine drohende Arbeitslosigkeit können zu einer deutlichen Erhöhung des Belastungspotentials führen und die Stabilität, die sich im Alltag eingestellt hatte, zunichte machen. Durch die Mehrfachbeanspruchung bereiten dann oftmals auch alltägliche Probleme Mühe. Die Folgen können vielfältig sein und von Konzentrationsproblemen über eine erhöhte Reizbarkeit bis hin zu psychosomatischen Erkrankungen reichen.

Auch im Kindesalter kann die Häufung kritischer Ereignisse Erlebens- und Verhaltensänderungen zur Folge haben. Die Trennung der Eltern ist beispielsweise ein Ereignis, das auch von den beteiligten Kindern als sehr belastend wahrgenommen wird. Als Folge können Lebenssituationen, die von den Kindern bisher gemeistert wurden, in Mitleidenschaft gezogen werden: Die Schulleistungen sinken ab, das Interesse an bestimmten Freizeitaktivitäten läßt nach, die Stimmungslage verändert sich. In vielen Fällen läßt sich das auslösende Ereignis relativ eindeutig identifizieren; es gibt jedoch Situationen, in denen unklar bleibt, welches Ereignis die Erlebens- und Verhaltensänderungen ausgelöst hat. So kann es beispielsweise Probleme unter Gleichaltrigen geben, die den Eltern nicht bekannt sind. Hier können nur Nachfragen (ohne jedoch zu drängen) und gegebenenfalls Versuche, auf anderen Wegen Informationen zu erhalten, den auslösenden Ereignissen auf die Spur kommen.

Streß entsteht vor allem durch zusätzliche neue Anforderungen, die mit bewährten Mitteln nicht mehr bewältigt werden können. Es muß sich dabei nicht immer um einzelne kritische Lebensereignisse handeln, die das Faß sozusagen zum Überlaufen bringen. Auch eine Fülle kleinerer Alltagsbelastungen kann so weit kumulieren, daß eine erfolgreiche Bewältigung nicht mehr möglich ist. Es gibt viele Kinder, die neben ihren Schulverpflichtungen auch im Freizeitbereich ein volles Programm haben. Steigen nun die Schulanforderungen langsam an oder kommen andere kleinere Probleme hinzu, kann ein Punkt erreicht werden, von dem an Herausforderungen in Streßerleben umschlagen.

Wie bereits erläutert, treten Überlastungen häufig dann auf, wenn zusätzliche Anforderungen entstehen. Gerade während der Entwicklung des Kindes gibt es eine Reihe von Ereignissen, die besondere Anforderungen bereithalten können, deren Belastungspotential Erwachsenen vielfach nicht mehr genügend präsent ist. Der Eintritt in die Schule, der Wechsel in die weiterführende Schule, der Beginn der Pubertät und die damit verbundenen körperlichen und psychischen Umstellungen sind nur einige der besonderen Probleme, mit denen Kinder bzw. Jugendliche typischerweise konfrontiert werden. Auch hier gilt: Normalerweise reicht das Bewältigungspotential von Kindern aus, um mit diesen Situationen (die ja alle Kinder und Jugendlichen betreffen) klarzukommen. Häufig hilft ihnen dabei zusätzlich das soziale Umfeld, indem es ihnen in diesen Umstellungsphasen besondere Aufmerksamkeit und Unterstützung zukommen läßt. Es kann aber auch hier Überlastungseffekte geben, wenn zu viele Anforderungen zur gleichen Zeit bestehen.

5. Streß als Wechselwirkung mit anderen Personen

Bisher wurde die Streßentstehung aus der Perspektive einer betroffenen Person beschrieben. Häufig sind aber mehrere Personen an einem Streßgeschehen beteiligt. Man muß sich dabei vorstellen, daß bei allen Beteiligten Situations- und Kompetenzbewertungen stattfinden und daß dementsprechend auch nicht nur bei einer Person, sondern bei mehreren Personen Streßreaktionen entstehen können (s. zusammenfassend Bodenmann, 1997). Im günstigsten Fall gelingt es einem der Interaktionspartner, das Belastungsempfinden des anderen zu reduzieren und ihn „zu beruhigen". Es kann aber auch der Fall eintreten, daß die Streßreaktionen, die sich bei den Interaktionspartnern zeigen, zu einem Aufschaukelungsprozeß führen, der die Belastung aller Beteiligten weiter steigert. Das Streßempfinden kann also durch die Interaktion mit anderen Personen eskalieren.

Betrachtet man die Situation eines Kindes, das mit einer schlechten Note nach Hause kommt, so ist anzunehmen, daß das Kind bereits enttäuscht, traurig oder wütend ist, wenn es seine Note den Eltern mitteilt. Auch die Eltern werden in der Regel nicht erfreut sein. Ob es zu einer weiteren Steigerung des Belastungserlebens beim Kind kommt, hängt nun jedoch von der Reaktion der Eltern ab. Zeigen sie sich ebenfalls wütend und ungehalten, wird dies die Belastung des Kindes noch weiter steigern („Teufelskreis"). Es kann also leicht eine Situation entstehen, in der die Emotionen von Kind und Eltern einander gegenseitig aufschaukeln. Schlimmstenfalls werden die Schulleistungen zukünftig noch schlechter, weil das Kind aus Furcht vor Mißerfolgen sein eigenes Leistungspotential nicht ausschöpfen kann.

Reagieren die Eltern jedoch verständnisvoll und suchen nach konstruktiven Lösungen, um dem Kind zu helfen, ähnliche Mißerfolge künftig zu vermeiden, besteht eine Chance, nicht nur ein Aufschaukeln des Belastungserlebens zu vermeiden, sondern auch dazu, das Kind in seinem Kummer zu trösten und eine neue Perspektive zu schaffen. Die Abbildungen 2 und 3 stellen diese Interaktionen graphisch dar.

Teufelskreis

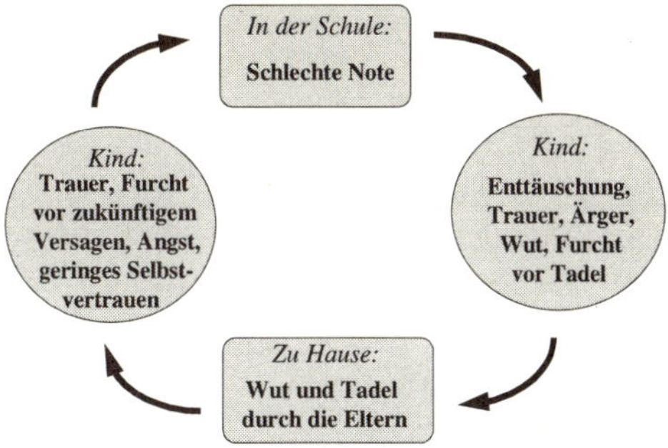

Abb. 2: Eine Variante interaktionalen Geschehens ist der Aufschaukelungsprozeß („Teufelskreis"): Ein Kind ist wegen einer schlechten Note enttäuscht, und die resultierenden negativen Gefühle werden zu Hause von den Eltern durch Ermahnungen und Tadel verstärkt. Dies kann zu Versagensängsten beim Kind führen, die es bei der Vorbereitung auf zukünftige Prüfungen und bei den Prüfungen selbst lähmen. Das wiederum dürfte bewirken, daß die nächsten Noten mindestens genauso unbefriedigend ausfallen oder sogar schlechter, worauf das Kind ebenfalls wieder mit negativen Emotionen reagiert, die dann von den Eltern noch weiter verstärkt werden.

Positive Problemlösung

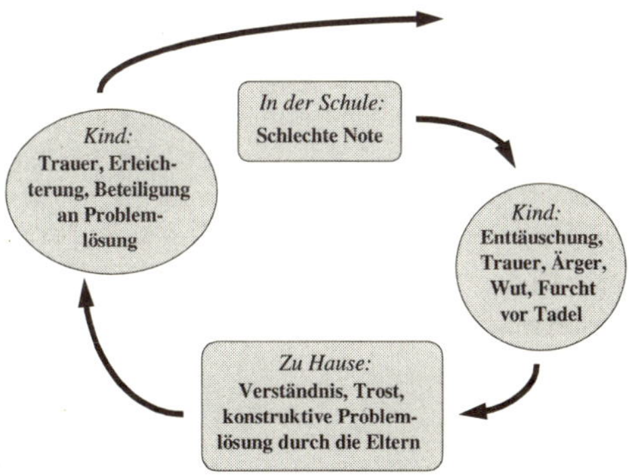

Abb. 3: Die Graphik illustriert, wie ein „Teufelskreis" umgangen werden kann („Positive Problemlösung"): Reagieren Eltern auf die schlechte Note und die negativen Emotionen des Kindes mit Verständnis und Trost, wird ein Klima für konstruktive Problemlösungen geschaffen, an denen sich das Kind beteiligen kann. Zukünftige Anforderungen werden weniger von Versagensängsten begleitet, sondern vielleicht als Herausforderung gesehen. So ergibt sich die Möglichkeit, daß Kind und Eltern mit zukünftigen Noten zufriedener sein können.

Streß entsteht aus einer Reihe von Bewertungsprozessen, die bei allen beteiligten Interaktionspartnern stattfinden und die im Zusammenspiel das Streßerleben reduzieren oder auch steigern können. Bei allen Interaktionspartnern ist dabei zu berücksichtigen, daß eine Vielzahl alltäglicher oder besonderer Belastungen vorliegen kann, die ihr aktuelles Streßerleben steigern. Eine Eskalation ist vor allem dann zu befürchten, wenn alle Beteiligten besonderen Belastungen ausgesetzt sind (z.B. innerhalb der Familie durch einen Wohnortwechsel). Da alle Beteiligten belastet sind und an die Grenzen ihres Bewältigungspotentials gelangen können, treten hier Aufschaukelungsprozesse mit erhöhter Wahrscheinlichkeit auf. Sind nur einzelne Interaktionspartner (z.B. innerhalb einer Familie) durch erhöhte Belastungen betroffen, läßt sich vermuten, daß es den anderen Interaktionspartnern leichter gelingen kann, durch entsprechende Unterstützung (Gespräche, Hilfsangebote etc.) zu einer Belastungsminderung beizutragen.

Nachdem allgemeine Grundlagen der Streßforschung zusammengestellt wurden, soll es im folgenden um die besondere Situation von Kindern gehen. Dabei stellt sich die Frage, welche Streßursachen bereits im Kindesalter auftreten, wie sich Streß bei Kindern auswirken kann und welche Bewältigungsmöglichkeiten sich dabei anbieten.

II. Streß bei Kindern: Ursachen und Wirkungen

1. Streßursachen

In einer eigenen Studie (s. zusammenfassend Lohaus, 1990) wurden 342 Schüler im Alter von 8 bis 18 Jahren aus unterschiedlichen Schultypen (Grundschule, Hauptschule, Realschule, Gymnasium) nach ihren Streßerfahrungen befragt. Überraschend war hier der hohe Anteil der Schüler, die bereits über eigene Streßerlebnisse berichteten. Auf die Frage, ob Streßerlebnisse bei ihnen vorkommen, antworteten 72 % der 7- bis 11jährigen und 81 % der12- bis 18jährigen mit „ja". Ein Drittel der jüngeren Kinder konnte keine konkreten Ursachen für ihr Streßerleben angeben, wobei dieser Anteil auf 17 % bei den älteren Schülern zurückging. Mit steigendem Alter sind die Schüler also zunehmend in der Lage, über die Verursachung ihres Stresses Auskunft zu geben. Wenn jüngere Kinder Ursachen angeben, dann führen sie ihre Streßerlebnisse vor allem auf äußere Faktoren (wie Zeitdruck, Leistungsdruck, Streitereien) zurück, während ältere Schüler sowohl äußere Faktoren als auch innere Faktoren (wie Stimmungen, Nervosität, Überforderungsgefühle) für das Entstehen von Streßerlebnissen verantwortlich machen.

Als Situationen, in denen am häufigsten Streß erlebt wird, nennen die Schüler überwiegend das Schreiben von Klassenarbeiten und Klausuren sowie die Hausaufgabensituation am Nachmittag. Der hohe Stellenwert der Hausaufgabensituation läßt sich einerseits durch den Umfang der Hausaufgaben erklären, der von den Kindern als zu hoch eingeschätzt wird, andererseits aber auch dadurch, daß zusätzliche Belastungen durch die Interaktion mit Bezugspersonen entstehen, die die Hausaufgaben kontrollieren und gegebenenfalls korrigieren lassen, die die Kinder antreiben (wenn die Arbeit nicht zügig genug vorangeht) und die mit den gezeigten Leistungen unzufrieden sind. Man kann sich zumindest vorstellen, daß es hier viele Gelegenheiten zum gegenseitigen Aufschaukeln von Streßempfindungen gibt, die Kindern das Erstellen der Hausaufgaben verleiden können.

Darüber hinaus ist allerdings zu sagen, daß von den Kindern insgesamt ein breites Spektrum an möglichen Streßsituationen benannt wird. Was Kinder wirklich als Belastung wahrnehmen, erschließt sich dem Erwachsenen dabei nicht immer unmittelbar (s. Fallbeispiel 1). So kann ein Krach mit Freunden für ein Kind sehr ängstigend sein, aus der Perspektive des Erwachsenen dagegen stellt er vielleicht eine Lappalie dar. In einer Untersuchung von Yamamoto (1979), in der Kinder der vierten bis sechsten Klasse nach der potentiellen Belastung bestimmter Situationen befragt wurden, zeigte sich, daß viele alltägliche Probleme (wie als Lügner verdächtigt zu werden, sich beim Direktor melden zu müssen oder vom Lehrer ausgelacht zu werden) ähnlich negativ bewertet wurden wie kritische Lebensereignisse (z.B. Tod eines Elternteils oder Erblinden). Auch wenn Kindern die Tragweite dieser Einschätzungen nicht immer hinreichend klar sein mag, so wird aus diesen Bewertungen doch deutlich, daß viele Ereignisse, die von Erwachsenen vielfach als Belanglosigkeiten bewertet werden, für Kinder einen hohen Stellenwert haben können. Will man also etwas über streßauslösende Situationen erfahren, muß man Kinder dazu befragen oder ihr Verhalten beobachten. Allein aus der Situation läßt sich jedenfalls offenbar nicht erkennen, ob besondere Belastungen für ein Kind damit verbunden sind. Dies ist in jedem Fall mitzubedenken, wenn im folgenden verschiedene Lebensbereiche (wie Schule, Familie und Freizeit) und ihre möglichen Belastungswerte für Kinder dargestellt werden (zum Streßerleben von Kindern im Bereich von Schule, Familie und Freizeit s. weiterführend auch Hurrelmann, 1994).

Fallbeispiel 1
Seit mein kleiner Bruder krank geworden ist, geht das schon so. Alle reden von ihm, allen tut er leid. Er ist oft im Krankenhaus, und dann bleibt meine Mutter meistens dort. Was aus mir wird, das interessiert niemanden. Wenn ich meine Sorgen erzählen will, sagt mein Vater immer, daß ich doch so froh sein kann, daß es mir nicht so geht wie meinem Bruder. Manchmal gehen mir alle mit seiner Krankheit so auf die Nerven, daß ich plötzlich einen richtigen Haß auf ihn bekomme. Dann stelle ich mir vor, wie es wohl wäre, wenn es ihn nicht mehr geben würde, wenn sich meine Eltern für das interessieren würden, was ich mache, wenn sie richtig

viel Zeit für mich hätten ... Ich weiß, daß das ungerecht ist, und ich schäme mich dann auch für meine bösen Gedanken.

Aber noch schlimmer ist, daß ich manchmal Angst bekomme, daß ich an seiner Krankheit schuld bin. Denn schon früher, als er noch gesund war, haben sich meine Eltern viel mehr um ihn gekümmert als um mich. Und wenn ich mit ihm gespielt habe, hat er mir immer das Spielzeug weggenommen. Habe ich es zurückgenommen, fing er an zu schreien, und meine Mutter kam und hat mich ausgeschimpft. So war das oft. Dann habe ich mir immer gewünscht, daß er stirbt. Dann hätte ich meine Ruhe. Das habe ich mir natürlich nicht richtig gewünscht.

Aber oft kann ich abends nicht einschlafen, weil ich daran denke, wie gemein und böse ich doch sein muß, wenn ich so über meinen Bruder denke. Und dann frage ich mich auch, was wohl ist, wenn ich vielleicht doch etwas damit zu tun habe, daß er diese Krankheit bekommen hat?

1.1 Orte der Streßentstehung

Streßquellen in der Schule

Die Schule ist ein Ort, in dem vielfältige Belastungen für Kinder entstehen können. Hier sind nicht nur die Klassenarbeiten zu nennen, sondern auch andere Gelegenheiten, die besondere Anforderungen an Kinder stellen. Dazu gehört beispielsweise auch, vor der Klasse etwas darstellen zu müssen (eine Berechnung an der Tafel, ein mündlicher Vokabeltest etc.) und dabei zu versagen. Es ist oft weniger bedrohlich, die geforderte Leistung nicht erbringen zu können, als die damit verbundene Gefahr, sich vor der Klasse zu blamieren. Wenn dann auch noch hämische Bemerkungen seitens des Lehrers dazukommen und die gesamte Klasse lacht, ist die gefürchtete Situation perfekt. Auch häufiger Tadel für unzureichende Leistungen und wenig Anerkennung für gute Leistungen bzw. Leistungsansätze tragen dazu bei, daß es von vielen Kindern als bedrohlich erlebt wird, aufgerufen zu werden und vor der Klasse etwas darstellen zu müssen.

Das Herausstellen von unzureichenden Leistungen kann sich negativ auf die Selbsteinschätzung und das Selbstwertgefühl von Kindern auswirken, wobei dies besonders dann gilt, wenn dabei Vergleiche mit anderen Schülern vorgenommen werden: Immer wieder vermittelt zu bekommen, daß viele andere Kinder deutlich besser abschneiden, trägt nicht zu einem positiven Selbstwertgefühl bei. Ist das Selbstwertgefühl bereits angegriffen, besteht wiederum die Gefahr, sich weniger zuzutrauen, so daß die gezeigten Leistungen dadurch nicht besser werden, sondern sich im Gegenteil weiter verschlechtern. Es kann also ein Kreislauf entstehen, bei dem sowohl das Selbstwertgefühl und das Selbstvertrauen in die eigenen Fähigkeiten als auch die Schulleistungen absinken.

Eine einseitige Leistungsorientierung, die vor allem die Konkurrenz unter den Schülern betont, wird auch von den Schülern selbst als problematisch empfunden. In einer Untersuchung wurden 200 Fünft- und Sechstkläßler danach gefragt, was ihnen in der Schule die meisten Schwierigkeiten bereitet (Humphrey & Humphrey, 1981). Die Schüler benannten am häufigsten ein Lehrerverhalten, das die Konkurrenz unter den Schülern fördert und dadurch zur Steigerung des Streßerlebens beiträgt. Die Schüler fühlen sich dadurch beständig dem Druck ausgesetzt, sich mit den anderen Kindern zu messen und möglichst bessere oder zumindest ebenbürtige Leistungen zu bringen. Hinzu kommt, daß auch die sozialen Beziehungen innerhalb der Klasse darunter leiden, da andere Schüler nicht als Mitschüler, sondern als Konkurrenten wahrgenommen werden. Dies kann zur Entwicklung von Strategien führen, um sich Wettbewerbsvorteile gegenüber den anderen Schülern zu verschaffen. Solche Strategien sind beispielsweise, sich beim Lehrer beliebt zu machen, Informationen zurückzuhalten oder die eigenen Anstrengungen herunterzuspielen, um dadurch zu provozieren, daß die Mitschüler dieses vorgebliche Verhalten nachahmen und ebenfalls weniger arbeiten. Es ist verständlich, daß das Klassenklima unter solchen Umständen vergiftet ist und daß die Bereitschaft zu gegenseitiger Unterstützung und Anteilnahme sinkt.

Die Gestaltung von Klassenarbeiten und Unterrichtsinteraktionen liegt zu großen Anteilen in der Hand des jeweiligen Lehrers und kann von ihm in die eine oder die andere Richtung gesteuert werden. Es ist daher davon auszugehen, daß auch Lehrerhandlungen zum Streßgeschehen bei Schülern beitragen können. Da jedoch nur in Extremfällen ganze Schulklassen erhöhte Streßbelastungen zeigen, sondern in der Regel nur Teilgruppen der Schüler, muß es weitere Faktoren geben, die zur Erhöhung der Streßanfälligkeit führen. In der Tat gehen einige Autoren davon aus, daß ein intensiver Schulstreß auch Ausdruck anderweitiger Vorbelastungen sein kann. Erst wenn die schulischen Belastungen zu den zusätzlich bestehenden Vorbelastungen hinzutreten, kommt es danach zum Streßempfinden in der Schule. So können Faktoren, die Schulstreß mitverursachen, beispielsweise auch im Bereich der Familie zu suchen sein, wenn etwa überhöhte oder unrealistische Erwartungen an das Leistungsvermögen von Schülern gestellt werden. Wichtige Voraussetzungen dafür, daß in der Schule Streß erlebt wird, werden in diesem Fall im Elternhaus gelegt.

Das Lehrerverhalten kann dazu beitragen, das Streßempfinden der Gesamtklasse zu erhöhen oder zu reduzieren. Das Streßerleben einzelner Schüler kann auch durch unbedacht unangemessene Reaktionen beeinflußt werden. Aber Schüler tragen auch Eindrücke von außen in den Unterricht hinein, was ebenfalls zu Streßempfinden führen kann. Die Schule ist dann nicht Hauptverursacher, sondern Mitverursacher oder Auslöser eines erhöhten Belastungserlebens.

Streßquellen in der Familie

Es wurde bereits deutlich, daß auch die Familie an der Streßentstehung bei einem Kind beteiligt sein kann. Neben zu hohen Erwartungen an die Leistungsfähigkeit und einer zu geringen Akzeptanz individueller Leistungsgrenzen sind hier vor allem auch alltägliche Auseinandersetzungen in der Familie als Belastungsfaktor zu nennen. Wenn man davon ausgeht, daß auch Eltern vielfältig belastet sind, so bleibt oft wenig Zeit für eine ausgiebige Beschäftigung mit den Bedürfnissen eines Kindes. Die Erwartungen des Kindes, daß die Eltern sich Zeit nehmen zum Zuhören, zum Spielen und für andere Unternehmungen, werden so oft enttäuscht. Viele Kinder werden bisweilen sogar erleben, daß die Eltern unwirsch reagieren, wenn sie etwas von ihnen wollen. Das Kind ist enttäuscht und ärgert sich über die Eltern, die Bedürfnisse nicht ernst genug nehmen.

In einer umfangreichen Studie von Lang (1985) mit insgesamt 2048 Kindern im Alter von acht bis zehn Jahren wurde das Erziehungsverhalten der Eltern als bedeutendste Streßursache innerhalb der Familie benannt. Danach fühlten sich die Kinder dann in ihren Familien besonders wohl, wenn sie von ihren Eltern gelobt und unterstützt, aber nur wenig bestraft wurden. Das Wohlbefinden war darüber hinaus hoch, wenn die Eltern sich genügend Zeit nahmen, sich mit ihnen zu beschäftigen.

Es wurde bereits erwähnt, daß sich Belastungen, die zunächst unmittelbar nur die Eltern betreffen, auch auf die Kinder auswirken können. Beispiele sind hier häufige Auseinandersetzungen zwischen den Eltern oder besondere Belastungen (wie Arbeitslosigkeit, s. hierzu Fallbeispiel 2), die dazu führen können, daß auch Kinder mit betroffen sind. Einerseits entwickeln die Kinder häufig empathische Gefühle für ihre Eltern und leiden mit, wenn sie merken, daß die Eltern unglücklich sind. Andererseits werden die Eltern ihre Belastungen nicht immer verbergen können oder wollen, so daß es auch ihrerseits zu Verhaltensänderungen kommt (etwa zu stärkerer Gereiztheit, geringerem Interesse an den Problemen der Kinder, stärkerer Zurückgezogenheit), die sich auf die Kinder auswirken.

Fallbeispiel 2

Die anderen gehen nach der Schule noch zur Imbißbude, trinken Cola und essen Pommes frites. „Tut mir leid, ich komme nicht mit. Mein Bruder hat Geburtstag, und da gibt es zu Hause ein Geburtstagsessen. Ist viel besser als doofe Pommes!"

Seit einem Jahr bekomme ich kein Taschengeld mehr. Meine Mutter sagt, daß es sonst mit dem Geld nicht reicht. Seit mein Vater arbeitslos ist, geht das so. Ich habe niemandem davon erzählt. Sonst will bestimmt keiner mehr etwas mit mir zu tun haben. So wie bei Katja, einem Mädchen aus meiner Klasse. Ihre Eltern sind auch arbeitslos, und sie läuft immer in alten Klamotten von ihrer älteren Schwester herum. Peinlich! Einige sagen, daß sie asozial ist und stinkt. Alle in der Klasse machen sich über sie lustig, und keiner möchte mit ihr spielen.

Deshalb ist es besser, wenn niemand in der Schule erfährt, daß mein Vater arbeitslos ist. Und manchmal muß ich mir dann solche Ausreden einfallen lassen. Dann werde ich immer ein bißchen rot, und mir wird ganz heiß. So wie vor den letzten Ferien. Wir sollten alle in der Klasse erzählen, was wir in den Ferien machen. Nachdem die ersten an der Reihe waren und erzählt hatten, wohin sie mit dem Flugzeug fliegen oder wie lange sie mit dem Auto fahren, um in die Berge oder ans Meer zu kommen, kam ich dran. Ich konnte natürlich nicht erzählen, daß mein Bruder und ich nur eine Woche zu meiner Oma fahren würden. Also habe ich von etwas erzählt, was ich im Fernsehen gesehen hatte. Ich habe gesagt, daß ich mit meiner Tante die ganzen Ferien durch Amerika fahren würde, von einer Seite zur anderen, daß wir dort ins Disneyland gehen, auf hohe Wolkenkratzer klettern und mit echten Indianern reden würden. Die anderen haben ganz schön gestaunt. In den Ferien hatte ich dann die ganze Zeit Angst, daß mich irgend jemand aus der Schule sieht.

Belastungen innerhalb der Familie können Kinder also auf vielfältige Weise beeinflussen, selbst wenn sie nicht unmittelbar betroffen sind. Ein Beispiel hierfür sind auch Erkrankungen von Geschwistern, die in der Regel eine besondere Aufmerksamkeit der Eltern erfordern. Als Folge können sich (zumindest längerfristig) nichtbetroffene Geschwisterkinder vernachlässigt fühlen. Wenn sie das erkrankte Kind für ihre wahrgenommene Vernachlässigung verantwortlich machen, können sich zusätzlich negative Gedanken über das erkrankte Kind einstellen, die wiederum zu Schuldgefühlen führen (s. auch Fallbeispiel 1). Insgesamt kann damit eine Belastung nicht nur für das erkrankte Kind, sondern auch für seine Geschwister entstehen, die durch die Krankheit nicht unmittelbar betroffen sind.

Eine besondere Belastungssituation im Familienkontext stellt die Scheidung der Eltern dar. Neben der Tatsache, daß Kinder in den Beziehungskonflikt der Eltern hineingezogen werden können und zwischen den Fronten hin- und hergerissen werden, kommt hier häufig hinzu, daß die betroffenen Kinder eine tiefe Verunsicherung über ihre weitere Zukunft verspüren. Zudem besteht die Möglichkeit, daß Kinder die Trennung der Eltern auf eigenes Fehlverhalten zurückführen und dadurch Schuldgefühle entwickeln. Dabei ist gerade mit der Scheidungssituation häufig eine Kumulation von Belastungen verbunden. Durch die Trennung der Eltern kommt es häufig zu einem Umzug und damit zu einem Schulwechsel, der eine Neuanpassung erfordert. Weiterhin sind betroffene Kinder nach der Trennung in der Regel mit einem nunmehr alleinerziehenden Elternteil konfrontiert, der jedoch selbst noch emotionalen Belastungen durch die neue Situation ausgesetzt ist. Neuere Untersuchungen zeigen allerdings, daß Kinder dann verstärkt Belastungssymptome zeigen, wenn es schon vor der Scheidung der Eltern Hinweise auf Anpassungsprobleme gegeben hat (s. Block, Block & Gjerde, 1986; Cherlin et al., 1991). Ausschlaggebend sind also nicht unbedingt die Scheidungssituation selbst und die verbundenen Probleme, sondern die Bewältigungskompetenzen, die die Kinder zuvor erworben haben.

Die bisherige Darstellung von möglichen familiären Belastungen konzentrierte sich auf das Verhältnis zwischen Eltern und Kindern. Eine weitere Konfliktquelle, die nicht nur bei Erkrankungen eines Geschwisterkindes von Bedeutung ist, sind Geschwisterrivalitäten. Hier handelt es sich um alltägliche Belastungen, die jedoch über lange Zeitstrecken in unregelmäßiger Folge immer wieder auftreten können. Ein auslösender Faktor ist vielfach die Aufmerksamkeitsablenkung der Eltern (durch die Geburt, durch die Erkrankung, durch besondere Fähigkeiten oder Leistungen eines Geschwisterkindes), die Anlaß zu Rivalitäten um die Zuwendung der Eltern gibt. Es kann sich aber auch um unterschiedliche Charaktere und Temperamente handeln, die für Zündstoff sorgen. Auch hier sind Quellen für innerfamiliäre Belastungen zu suchen.

Die Familie kann zwar vielfältige Anlässe zur Erhöhung des Belastungserlebens liefern, auf der anderen Seite sollte jedoch nicht übersehen werden, daß die Familie für die meisten Kinder gleichzeitig die wichtigste Quelle für ihre soziale Unterstützung darstellt. Kinder können sich in der Regel mit ihren Ängsten und Sorgen an ihre Eltern wenden, und die meisten Eltern werden bemüht sein, sie bei der Überwindung ihrer Probleme zu unterstützen. Auch Geschwister können in Krisensituationen helfend zur Seite stehen.

Streßquellen in der Freizeit

Betrachtet man den Freizeitbereich als mögliche Quelle von Belastungen, so können hier Probleme entstehen durch eine Überforderung mit Freizeitaktivitäten, durch spannungsinduzierende Medien sowie aus Auseinandersetzungen mit anderen Kindern und Jugendlichen. Auf diese drei Punkte soll im folgenden kurz eingegangen werden.

Obwohl man zunächst denken würde, daß Freizeit Erholung ist, so ist doch festzustellen, daß viele Kinder auch in ihrer Freizeit ein volles Programm zu absolvieren haben (s. Fallbeispiel 3). Das Spektrum reicht dabei von zusätzlichem Förderunterricht über spezielle Trainings- und Kursprogramme im Bereich von Sport (Fußball, Volleyball, Reiten etc.) und Musik (Erlernen eines Musikinstrumentes) bis hin zu Leistungstrainings. Dabei steht häufig der Gedanke von Eltern im Hintergrund, ihren Kindern über die Schulbildung hinaus besondere (und besonders viele) Kompetenzen zu vermitteln, um ihnen den einen oder anderen nützlichen Vorteil für den späteren Lebensweg mitzugeben.

Manche Kinder haben in der Tat keine Probleme mit einem vollen Terminkalender und freuen sich auf die zusätzlichen Aktivitäten. Es kann jedoch auch zu Überforderungen kommen, wenn zu viele Aktivitäten (möglicherweise mit zusätzlichem Leistungsdruck) auf Kinder zukommen. Die Eltern sollten daher ihre Kinder sorgfältig beobachten und ihnen zuhören, um bei Hinweisen auf Überlastungen rechtzeitig nach Alternativen zu suchen. Es muß dabei nicht alles, was angefangen wurde, auch zu Ende gebracht werden: Kinder wissen oft selbst noch nicht, was ihrem Naturell am ehesten entspricht, und befinden sich in einer Suchphase. Sie wollen daher vieles ausprobieren, sollten es aber gegebenenfalls auch wieder fallenlassen können, zumindest wenn nach einer gewissen Zeit die Freude stark nachläßt und einem Widerwillen weicht.

Als weitere mögliche Streßquelle im Freizeitbereich gilt die extensive Beschäftigung mit spannungsinduzierenden Medien. Bei vielen Computerspielen kommt es beispielsweise nicht nur auf hohe Aufmerksamkeit, sondern auch auf schnelles Reagieren an. In der Regel steigt dabei die physische Belastung in ähnlicher Weise wie bei einer Streßreaktion an. Ähnliches kann für die Betrachtung von solchen Filmen gelten, die ein hohes Maß an Angst und Anspannung erzeugen. Dies ist relativ unproblematisch, wenn es nur gelegentlich erfolgt. Das dauerhafte und immer wiederkehrende Auftreten von Anspannungsreaktionen kann jedoch Erholungszeiträume so stark beschneiden, daß im Sinne einer Häufung von Belastungen Streßempfinden ausgelöst werden kann.

Ein dritter Aspekt, der nicht nur in der Schule, sondern auch im Freizeitbereich mit Belastungen verbunden sein kann, ist der Umgang mit anderen Kindern und Jugendlichen. Zwar kann man im Freizeitbereich (im Gegensatz zur Schule) die Interaktionspartner in stärkerem Maße selbst bestimmen, andererseits kann gerade dies besondere Belastungen zur Folge haben. Wenn es sich um Freunde handelt, zu denen man engere Beziehungen hat, erhalten Streitereien hier vielfach ein großes Gewicht. Wenn es sich um den besten Freund oder die beste Freundin handelt, ist ein Streit bedeutsamer als Streitereien mit Gleichaltrigen, die einem wenig bedeuten. Auch wenn diese Auseinandersetzungen für den Aufbau von sozialen Kompetenzen und damit für die weitere Entwicklung wichtig sind, können dadurch auch streßerzeugende Belastungen für ein Kind entstehen.

Der Freizeitbereich sollte für Kinder eher eine Quelle von Entlastung als von Belastung sein. Hier liegt es auch im Verantwortungsbereich der Eltern, gegebenenfalls regulierend einzugreifen, wenn Hinweise auf ein Streßerleben bei Kindern erkennbar sind. Dies gilt vor allem für jüngere Kinder, die noch weniger erfahren im Umgang mit Belastungen sind und daher mehr Hilfe und Unterstützung benötigen.

Fallbeispiel 3
In der Pause stehe ich immer mit einigen Leuten aus meiner Klasse herum, und wir reden über dies und das. Manchmal spielen wir auch zusammen auf dem Schulhof Fußball, oder wir erzählen uns, was wir am Vortag im Fernsehen gesehen haben. Einige von denen treffen sich nachmittags auf dem Abenteuerspielplatz, und am nächsten Tag sagen sie, was sie dort alles erlebt haben.

Nachmittags auf den Spielplatz zu gehen, dazu habe ich selten Zeit. Denn ich bin ein Multitalent, wie mein Opa immer sagt. Neben der Schule bin ich noch im Schwimmverein und lerne Schlagzeug spielen. Schwimmtraining ist immer dienstags und donnerstags und Schlagzeugunterricht in der Musikschule am Montag. Mittwochs gehe ich zur Computer AG unserer Schule, und freitags? Ach ja, und Fußball spiele ich natürlich auch, hätte ich fast vergessen.

Und weil ich so viele Sachen mache, habe ich für nachmittags einen eigenen Stundenplan. Da steht dann drin, wann ich wohin muß und wann Zeit bleibt, die Hausaufgaben zu machen. Und da steht leider meistens auch drin, daß ich einen Termin habe, wenn sich die anderen zum Abenteuerspielplatz verabreden. Dann würde ich am liebsten alles hinschmeißen und mit zum Spielen gehen. Aber Schwimmen, Schlagzeugspielen und Fußball macht mir ja auch viel Spaß. Am besten wäre, wenn man die Schule abschafft. Dann könnte ich alle Sachen machen, die mir wirklich Spaß machen.

In der bisherigen Darstellung haben wir potentiell belastende Situationen nach kindlichen Lebensbereichen getrennt dargestellt. Als „klassischer“ Stressor, der sich in allen Lebensbereichen auswirken kann, sei abschließend der Belastungsfaktor „Lärm" erwähnt. Ständiges Geschrei der Mitschüler, laute Musik aus dem Kassettenrecorder der Geschwister oder Straßenlärm können Streßreaktionen auslösen. Aktuelle Untersuchungen belegen beispielsweise die negativen Auswirkungen von Fluglärm auf das Wohlbefinden von Kindern, die in der Nähe von Flughäfen wohnen (Bullinger & Guski, 1997). Als weitere solche Stressoren sind Hitze und Enge zu nennen. Am Beispiel Fluglärm läßt sich veranschaulichen, welche Bedeutung die individuelle Bewertung potentieller Belastungen hat: Kurz vor der eigenen Flugreise in den Urlaub dürfte der Krach der Flugzeuge bei den meisten Kindern (wie auch Erwachsenen) eher zu freudiger Erregung als zu negativen Streßfolgen führen.

1.2 Individuelle Unterschiede der Streßverursachung

Schon bei Erwachsenen leuchtet es unmittelbar ein, daß dieselbe Situation höchst unterschiedlich verarbeitet wird. Bei einem Tadel, der die gesamte Arbeitsgruppe betrifft, wird es beispielsweise Erwachsene geben, die die Kritik auf sich selbst und die eigene Arbeitsleistung beziehen, während andere völlig unbeeindruckt die anderen dafür verantwortlich machen, eine mögliche Selbstkritik aber weit von sich weisen. Derartig unterschiedliche Auffassungen können sich einstellen, obwohl die objektive Leistung vergleichbar ist, es also keinen Anlaß für unterschiedliche Interpretationen gibt.

Auch bei Kindern können wir davon ausgehen, daß ähnliche Situationen höchst unterschiedlich wahrgenommen und bewertet werden. Dies gilt insbesondere auch für Belastungssituationen, wobei bereits darauf hingewiesen wurde, daß hier auch die Bewertung der eigenen Bewältigungskompetenzen eine Rolle spielt: In einer vergleichbaren Belastungssituation wird das Streßerleben für ein Kind geringer ausfallen, das seine eigenen Bewältigungskompetenzen hoch einschätzt und damit zu einer erfolgreichen Problembewältigung gelangt. Hinzu kommt, daß es auch Persönlichkeitsunterschiede zwischen Kindern gibt, die zu unterschiedlichen Situationsbewertungen beitragen.

Nicht nur die Wahrnehmung und Bewertung ähnlicher Situationen fällt von Kind zu Kind unterschiedlich aus, es ist darüber hinaus zu berücksichtigen, daß sich das Anforderungsspektrum in der Regel von Kind zu Kind ändert. Betrachtet man die Belastungsmöglichkeiten, die sich in Schule, Familie und Freizeit bieten, so kann man annehmen, daß sich jedes Kind in einer ganz spezifischen Situation bewegt, die eigene Belastungen bereithält, mit denen es zurechtkommen muß. Wenn es hier besonders gefordert wird oder viele Einzelbelastungen kumulieren und wenn die vorhandenen Bewältigungskapazitäten dabei nicht ausreichen, kann es zum Streßerleben kommen.

Um Kinder bei ihrer Streßbewältigung zu unterstützen, gibt es kein Patentrezept, sondern viele Wege, die sich nach den individuellen Voraussetzungen eines Kindes unterscheiden. Im Einzelfall ist danach zu suchen, welche besondere Belastungskonstellation und welche Bewältigungsmöglichkeiten vorliegen und wie gegebenenfalls Unterstützung zu leisten ist. Wenn Kinder unter Belastungen leiden und Hilfe angeboten werden soll, empfiehlt sich also in der Regel ein auf die Situation des einzelnen Kindes abgestimmtes Vorgehen.

Ein anderer Ansatzpunkt bietet sich dann, wenn im Vorfeld (also bevor Streßreaktionen erkennbar sind) Unterstützungsangebote erfolgen sollen, um Kindern Möglichkeiten an die Hand zu geben, bei vermehrten Belastungen gelassener zu reagieren. In diesem Fall handelt es sich um eine präventive und nicht um eine korrektive Zielsetzung. Da hier keine spezifischen Belastungen angegangen werden, ist der Ansatz nicht auf die Bedürfnisse des einzelnen Kindes bezogen. Hier geht es darum, ein breites Spektrum an Bewältigungsmöglichkeiten anzubieten und den situationsgerechten Einsatz der einzelnen Bewältigungsformen einzuüben. Dabei besteht die Möglichkeit, ähnliche Übungen bei unterschiedlichen Kindern einzusetzen und gegebenenfalls auch mit Kindergruppen zu arbeiten.

Die Anforderungssituationen, mit denen Kinder konfrontiert sind, lassen sich voneinander unterscheiden, und durch unterschiedliche Situationsbewertungen und Bewältigungskompetenzen entstehen individuelle Unterschiede des Streßerlebens. Wenn hier korrektiv eingegriffen werden soll, so ist dementsprechend eine Unterstützung erforderlich, die auf die individuelle Konstellation abgestimmt ist. Wenn präventiv gearbeitet wird, spielt die individuelle Ausgangslage dagegen eine untergeordnete Rolle.

1.3 Kindliche Belastungen im Generationsvergleich

Häufig wird gefragt, ob der Streß bei Kindern in den letzten Jahren so sehr zugenommen hat, daß es notwendig ist, sich über Maßnahmen zur Streßbewältigung Gedanken zu machen. Häufig folgt dann der Hinweis, daß man auch früher schon Schulangst erlebt hat und daß beispielsweise das Schreiben von Klassenarbeiten seit Generationen zu den angstbesetzten Szenarien gehört.

Wenn man zu dieser Frage Stellung nehmen will, muß man zunächst vorausschicken, daß es kaum vergleichende wissenschaftliche Daten gibt, die einen unmittelbaren Vergleich zwischen verschiedenen Kindergenerationen zulassen. Man kann jedoch auf einige allgemeine gesellschaftliche Veränderungen verweisen, die allgemein nachvollziehbar sind und Hinweise auf eine Belastungszunahme liefern.

Ein Faktor, der in diesem Zusammenhang zu nennen ist, sind die Erwartungen, die Eltern an die Leistungen ihrer Kinder stellen. Es ist in den letzten Jahrzehnten immer deutlicher geworden, daß nur noch das Erreichen eines bestimmten Schulabschlusses eine gewisse Flexibilität in der Berufswahl bietet und zugleich eine finanziell abgesicherte Zukunft zu ermöglichen scheint. Mit der Anforderung, das Abitur als Schulabschluß zu erreichen, sind jedoch viele Kinder überfordert.

Hinzu kommt, daß sich auch die Familienstrukturen in den letzten Jahrzehnten deutlich gewandelt haben. In den meisten Familien gibt es nur noch ein oder zwei Kinder, wobei sich die Erwartungen der Eltern entsprechend auf weniger Kinder konzentrieren. Wenn sie nur ein bzw. zwei Kinder haben, ist es um so wichtiger, daß diese später einen guten Platz in der Gesellschaft finden, was ebenfalls zu einer Verschiebung über die Generationen hinweg beitragen kann. Dabei ist auch zu bedenken, daß Ereignisse wie Scheidungen deutlich an Verbreitung zugenommen haben, so daß auch die damit verbundenen Belastungen Kinder heute häufiger treffen.

Die hohen Erwartungen von Eltern an ihre Kinder reichen auch in das Freizeitangebot hinein, wenn zusätzliche Talentförderungen angestrebt werden durch die Teilnahme an zusätzlichen Freizeitprogrammen oder zum Ausbau besonderer Spezialfähigkeiten. Auch hierdurch sollen häufig die Startbedingungen für das spätere Leben der Kinder verbessert werden. Dabei ist gleichzeitig zu beobachten, daß bei weitem mehr Freizeitangebote vorliegen, als dies noch vor wenigen Jahren der Fall war. Neben den klassischen Angeboten (wie dem Erlernen von Musikinstrumenten oder dem Training in diversen Sportarten), die zunehmend flächendeckend vorhanden sind, ist hier insbesondere auf das mediale Angebot zu verweisen (wie Fernsehen, Video, Computer), das extrem ausgeweitet wurde und eine Fülle von Aktivitäten ermöglicht. Die Fülle der Beschäftigungsmöglichkeiten reduziert den Freiraum für freies und unverplantes Spielen, das dementsprechend zunehmend an Bedeutung verliert. Selbst im Grundschulalter ist ungeplantes Spielen mit anderen Kindern nicht mehr selbstverständlich, viele Kinder treffen sich auch in diesem Alter bereits nur nach besonderer Verabredung (und nicht spontan).

Durch die überall erkennbaren Individualisierungstendenzen, die den einzelnen und seine Kompetenzen betonen, dürfte auch im Schulbereich die Situation in den letzten Jahren für Schüler nicht einfacher geworden sein. Es ist anzunehmen, daß auch die Konkurrenz unter den Schülern eher zugenommen hat. Wenn hier von den Lehrern keine besonderen Maßnahmen getroffen werden, um das Miteinander zu fördern und das Konkurrenzdenken zu entschärfen, kann auch hier mit einer Belastungszunahme für die heutige Schülergeneration gerechnet werden.

Insgesamt läßt sich eine Vielzahl von Faktoren ausmachen, die dafür sprechen, daß die Belastungen für die heutige Kindergeneration zugenommen haben. Dazu gehören besondere Erwartungen der Eltern an ihre Kinder, Veränderungen der Familienstruktur und des Freizeitangebotes sowie Auswirkungen von Individualisierungstendenzen in der Schule. Auch hier ist natürlich zu betonen, daß dies nicht alle Kinder in gleichem Maße betreffen muß, daß es aber insgesamt viele Hinweise auf zunehmende Belastungen, jedoch kaum Hinweise auf Entlastungen über die Generationen hinweg gibt.

Nachdem in den letzten Abschnitten vorrangig Ursachen des Streßerlebens von Kindern im Vordergrund standen, handeln die folgenden Kapitel von seinen Auswirkungen. Dabei wird sich zeigen, daß es nicht nur negative, sondern auch erwünschte positive Streßwirkungen geben kann.

2. Streßwirkungen

2.1 Positive Streßwirkungen

Es ist naheliegend und entspricht dem Alltagsverständnis, daß Streß mit negativen Folgen gleichgesetzt wird. In einer eigenen Untersuchung (s. zusammenfassend Lohaus, 1990) wurden Kinder und Jugendliche gefragt, ob sie Streß als positiv oder negativ bewerten, wobei erwartungsgemäß negative Bewertungen weit überwogen (bei über 80% der befragten Schüler). Es gab jedoch auch Schüler, die dem Streß durchaus positive Seiten abgewinnen konnten (wobei der Anteil dieser Schüler mit dem Alter steigt). Es stellt sich dabei die Frage, worin diese positiven Aspekte bestehen können.

Wenn man davon ausgeht, daß Streßempfindungen zuallererst mit einer Aktivierungsfunktion verbunden sind, kann ein wesentlicher positiver Aspekt in einer Leistungssteigerung gesehen werden, da mit der Aktivierungsfunktion Leistungsreserven freigesetzt werden können. Die Sauerstoffversorgung nimmt zu, die

Reaktionsbereitschaft und die Konzentration steigen an. Aus der Forschungsliteratur ist bekannt, daß die Leistung mit dem Grad der physiologischen Erregung steigt. Dies gilt allerdings nur bis zu mittleren Erregungsniveaus. Wird dagegen die Belastung zu hoch, dann sinken die Leistungen in der Regel wieder ab. Ein moderates Ausmaß erlebten Stresses (vor allem wenn er nur kurzfristig anhält) kann also durchaus förderlich sein, während ein übermäßiges Ausmaß dagegen in den meisten Fällen als hinderlich empfunden wird, weil die damit häufig verbundenen negativen Emotionen (wie Angst oder Panik) und Bewertungen (wie „Ich schaffe das nicht", „Es hat keinen Zweck") die Konzentration auf die Aufgabe behindern. Abbildung 4 zeigt den Zusammenhang zwischen physiologischer Erregung und der Leistungsfähigkeit.

Eine mäßige Anspannung kann auch subjektiv als angenehm empfunden werden. Da sich auch subjektiv der Eindruck einstellen kann, daß das eigene Leistungsvermögen auf diese Weise beflügelt wird, und die stimulierende Wirkung vielfach auch erkennbar ist, empfinden viele Erwachsene (und vermutlich auch Kinder) ein gewisses Streßausmaß nicht als unangenehm. Es soll sogar Menschen geben, die ohne Streßempfinden nicht arbeiten können und einen gewissen Anforderungsdruck brauchen, um Leistungen zu erbringen.

Weiterhin scheint es individuelle Unterschiede hinsichtlich der bevorzugten Aktivierungsniveaus zu geben. Während manche Menschen nicht genügend Trubel um sich herum haben können, um richtig aufzublühen, sind andere froh, sich möglichst häufig in Ruhe zurückziehen zu können. Hier spielen einerseits die individuellen Situationsbewertungen eine Rolle, andererseits jedoch auch mögliche Unterschiede in den präferierten Aktivierungsniveaus. Damit ist gesagt, daß die Erregungsniveaus, die mit einer optimalen Leistungsfähigkeit bzw. mit subjektiv angenehmen Gefühlen verknüpft sind (es muß sich nicht immer um Leistungssituationen handeln), individuell eine unterschiedliche Ausprägung haben können. Ein mittleres Erregungsniveau ist damit nicht absolut festzulegen, sondern in bezug auf den jeweiligen individuellen Fall und sein Aktivierungsspektrum.

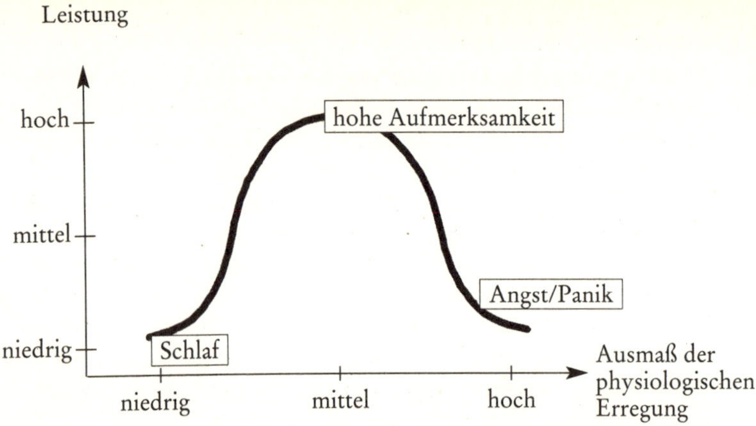

Abb. 4: Zusammenhang zwischen dem Ausmaß der physiologischen Erregung und der Leistung: Eine niedrige physiologische Erregung geht meistens auch mit geringer Leistung einher (wie beispielsweise unmittelbar nach dem Aufwachen). Mit ansteigender Erregung kann auch die Leistung steigen (bis zu einem mittleren Ausmaß physiologischer Erregung). So sind Phasen hoher Aufmerksamkeit durch eine mittlere physiologische Erregung und durch höchste Leistung gekennzeichnet. Mit einem weiteren Anstieg der physiologischen Erregung ist dann jedoch eine Leistungsminderung verbunden (wie bei Angst oder Panik).

Es gibt ein optimales Erregungsniveau, auf dem man besonders gute Leistungen erbringt. Dies entspricht in der Regel einem mittleren Aktivierungsniveau, wobei individuelle Unterschiede des Aktivierungsspektrums zu berücksichtigen sind. Auch außerhalb von Leistungssituationen kann es präferierte Aktivierungsniveaus mit entsprechenden individuellen Unterschieden geben. Will man den Anforderungscharakter von Streß mit seinen positiven und förderlichen Wirkungen nutzen, kommt es also darauf an, das subjektiv noch als angenehm bewertete Aktivierungsniveau zu erreichen und möglichst Gegenmaßnahmen zu ergreifen, wenn dieses Niveau deutlich überschritten wird. Dazu beizutragen, diese Balance zu finden, wird ein wesentlicher Bestandteil des praktischen Übungsteils dieses Buches sein.

Bei der Beschreibung negativer Streßwirkungen ist zwischen kurzfristigen und längerfristigen sowie psychischen und physischen Streßsymptomen zu unterscheiden. Es ist zunächst nicht ungewöhnlich und in der Regel von vorübergehender Natur, wenn Kinder in bestimmten Situationen (z. B. vor einer Klassenarbeit) Streß erleben. Die Symptome treten hier in einer umschriebenen Situation auf und verschwinden häufig wieder, sobald die kritische Situation vorüber ist.

Treten die Symptome wiederholt und regelmäßig auf, erhalten die Streßwirkungen nicht nur kurzfristigen, sondern längerfristigen Charakter. Es handelt sich nicht mehr um Streßreaktionen in einzelnen aktuellen Situationen, sondern um chronische Reaktionen, die in bestimmten Situationen oder sogar situationsübergreifend wiederkehren (s. Fallbeispiel 4). So kann es beispielsweise vor Klassenarbeiten immer wieder zu Beschwerden wie Schlaflosigkeit, Magenschmerzen, allgemeine Nervosität oder Unruhe kommen, die nicht mehr nur auf einzelne Situationen bezogen sind, sondern einen allgemeineren Charakter erhalten. Dabei können diese chronischen Symptome selbst wieder neue potentielle Stressoren darstellen, etwa wenn sie eine Vorbereitung auf die Klassenarbeit verhindern.

Fallbeispiel 4

„Das Kind ist zu still! Die Klassenarbeiten sind ja ganz gut, aber am Unterricht beteiligt es sich kaum."

Mama war gestern beim Elternsprechtag. „Warum zeigst du denn nicht öfter auf?" hat sie mich gefragt. Öfter aufzeigen? Bloß nicht. Schon bei dem Gedanken, daß ich aufgerufen werde, wird mir ganz flau im Magen. Und wenn ich dann wirklich dran muß, fängt mein Herz an zu rasen, und ich werde ganz rot. Meistens stammle ich mir dann irgend etwas zurecht, höre mich irgendeinen Quatsch sagen. Und die anderen? Die räuspern sich, einige lachen, oder sie sagen überhaupt nichts, weil alles so peinlich ist.

Das ist das Schlimme an der Schule. Schon jeden Morgen auf dem Schulweg bete ich, daß ich meine Hausaufgaben nicht vorlesen muß. Und als ob das alles nicht schon schlimm genug wäre. Oft bekomme ich morgens in der Schule Kopfschmerzen. Dann kann ich an nichts anderes mehr denken als daran, wie weh mein Kopf mir tut. Dann kann ich auch nichts essen oder trinken. Wenn es ganz schlimm wird, sage ich das unserer Lehrerin, und sie schickt mich nach Hause. Dort lege ich mich dann zum Schlafen ins Bett, und nach einer Weile geht es mir dann auch wieder besser.

Dann kann ich wieder durchatmen, genauso wie an den Wochenenden oder in den Ferien. Da brauche ich keine Angst zu haben, daß ich mich vor den anderen blamiere. Dann bin ich meistens ziemlich locker.

Fragt man Kinder nach Symptomen, die sie mit Streß verbinden, so nennen sie (wie eine eigene Befragung zeigte) nicht nur physische Streßreaktionen (wie Zittern, Schweißausbrüche, Kopf- und Bauchschmerzen), sondern auch psychische Symptome (wie Angst, Unruhe, Aggressivität, Erschöpfung, Lustlosigkeit). Über das Alter hinweg läßt sich dabei eine relative Abnahme der physischen Symptome und eine relative Zunahme der psychischen Symptome beobachten (s. zusammenfassend Lohaus, 1990). Die anfängliche Zentrierung auf physische Symptome mag damit begründet sein, daß diese Streßreaktionen unmittelbar fühlbar und wahrnehmbar sind und damit den jüngeren Kindern (vor allem im Vor- und Grundschulalter) stärker ins Auge fallen. Die Wahrnehmung der psychischen Reaktionen verlangt in der Regel einen höheren Selbstreflexionsgrad und tritt vermutlich deshalb erst bei den älteren Kindern (bzw. Jugendlichen) ins Blickfeld.

Im folgenden soll auf verschiedene (längerfristige) Streßsymptome näher eingegangen werden. Allgemein lassen sich Streßsymptome auf der physiologisch-vegetativen, der kognitiv-emotionalen und der verhaltensbezogenen Ebene voneinander unterscheiden. Bei den physiologisch-vegetativen Symptomen handelt es sich im allgemeinen um körperliche Symptombildungen, die beiden anderen Ebenen lassen sich als psychische Symptombildungen (im Erlebens- und Verhaltensbereich) zusammenfassen.

Betrachtet man zunächst die physiologisch-vegetativen Symptome, so läßt sich eine Entstehung aus chronischen körperlichen Aktivierungszuständen vermuten. Schon bei Kindern werden vielfältige körperliche Streßsymptome beobachtet, wobei Störungen wie Kopfschmerzen, Magenschmerzen, Appetitlosigkeit,

Mattigkeit, Schwindelgefühle und auch bereits psychosomatische Erkrankungen berichtet werden.

In einer eigenen Befragung (Lohaus, Fleer, Freytag & Klein-Heßling, 1996) gab etwa ein Drittel der Grundschulkinder im dritten und vierten Schuljahr an, im Zeitraum einer Woche mindestens einmal Kopf- und Bauchschmerzen gehabt zu haben, bei jedem fünften Kind waren diese Beschwerden sogar mehrfach aufgetreten. Besonders häufig wurden Erschöpfungszustände geschildert, die von etwa 75 % der Kinder einmal oder mehrfach für den Zeitraum der vergangenen Woche angegeben wurden. Die Studie fragte nach insgesamt sieben überwiegend somatischen Symptomen (Kopfweh, Bauchweh, Schwindel, Erschöpfung, Schlafschwierigkeiten, Übelkeit und Appetitlosigkeit). Dabei gab etwa die Hälfte der Grundschüler an, mindestens drei dieser Symptome im Zeitraum der zurückliegenden Woche erlebt zu haben. Im Durchschnitt wurden von den Grundschülern zwischen drei und vier unterschiedliche Symptome für diesen Zeitraum angegeben.

In der Abbildung 5 findet sich ein Überblick zu den Häufigkeiten, mit denen die einzelnen Symptome in der zurückliegenden Woche erlebt wurden (von Grundschülern und von Schülern der ersten beiden Klassen weiterführender Schulen). Wie die Abbildung zeigt, unterscheiden sich die Zahlen nicht wesentlich, wobei jedoch eine leichte Zunahme der körperlichen Symptomatik in den weiterführenden Schulen zu konstatieren ist. In einer anderen Studie aus dem deutschen Raum werden ähnliche Ergebnisse berichtet (Engel & Hurrelmann, 1989). Hier geben 22 % der befragten Kinder an, oft Kopfschmerzen zu haben, während 19 % der Kinder über nervöse Unruhe berichten. Als weitere Streßsymptome werden Schlaflosigkeit, Magenbeschwerden, Schwindelgefühle, Herzklopfen, Händezittern und Appetitlosigkeit von den Kindern genannt.

Es ist dabei allerdings zu bedenken, daß die Symptomnennungen auch teilweise durch Erkrankungen (wie akute Infektionen) zustande kommen können. Die Angaben werden dadurch sicherlich teilweise relativiert, es dürften jedoch substantielle Anteile bestehen bleiben, die ihre Ursache nicht in somatischen Erkrankungen, sondern im Streßerleben von Kindern haben.

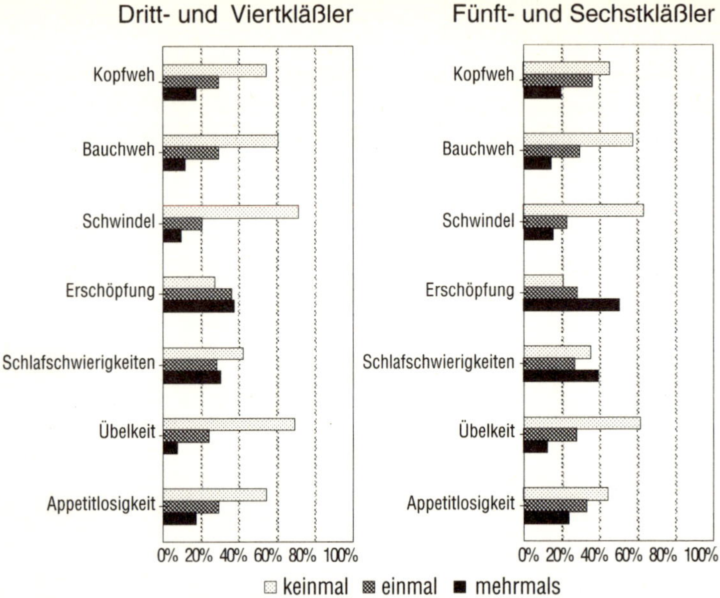

Abb. 5: Relative Häufigkeiten der von Kindern benannten Symptome. Die Kinder wurden gefragt, ob sie die genannten Symptome in der „vergangenen Woche" keinmal, einmal oder mehrmals bei sich beobachtet hatten.

> Bereits bei Kindern im Grundschulalter (und verstärkt im Bereich weiterführender Schulen) werden physiologisch-vegetative Streßsymptome beobachtet. Die Symptome unterscheiden sich von Kind zu Kind, wobei gegenwärtig unklar ist, warum das Streßerleben sich in individuell unterschiedlichen körperlichen Symptomen manifestiert und wie die Symptomwahl zustande kommt. Die Häufigkeit, mit der die einzelnen körperlichen Symptome genannt werden, weist darauf hin, daß hier im Einzelfall akuter Handlungsbedarf bestehen kann und daß eine Unterstützung von Kindern bei der Streßbewältigung hilfreich sein dürfte.

Betrachtet man die kognitiv-emotionalen Auswirkungen von Streß, so ist zunächst hervorzuheben, daß ein erhöhtes Streßerleben die Denkfähigkeit beeinträchtigen kann. So ist gerade aus

Prüfungssituationen bekannt, daß sie durch die hohe Belastung Denkblockaden hervorrufen können. Selbst wenn der Stoff zuvor hinreichend gelernt wurde, kann es durch die aufsteigenden Ängste bis hin zur Panik zu gravierenden Denkbeeinträchtigungen kommen. Dabei spielen vielfach negative Gedanken eine Rolle (wie beispielsweise „Ich kann das nicht“, „Mir fällt nichts mehr ein“, „Ich werde durchfallen“), die die Entstehung von Ängsten begünstigen und es zunehmend erschweren, noch klare Gedanken zu fassen. Wie man an dem Beispiel erkennen kann, bestehen häufig enge Wechselbeziehungen zwischen den Wirkungen von Streß auf das Denken und auf Gefühle (wie beispielsweise Angst).

Nach der transaktionalen Streßauffassung entsteht Angst dann, wenn eine Situation als bedrohlich bewertet wird und keine angemessenen Bewältigungsformen zur Verfügung stehen. Wenn ein Ereignis als schädigend erlebt wird (wie die Scheidung der Eltern), können auch Minderwertigkeitsgefühle, Wut, Ärger, Depression und Trauer als emotionale Reaktionen entstehen. Insgesamt kann damit ein breites Gefühlsspektrum mit Streßerleben einhergehen. Diese Reaktionen sind häufig kurzfristig und vorübergehender Natur, aus ihnen können sich jedoch auch längerfristige Störungen entwickeln (vor allem, wenn zusätzlich andere Faktoren hinzutreten, die das Entstehen einer Störung begünstigen). In diesem Zusammenhang ist anzumerken, daß Angststörungen mit einer Auftretensrate von 10 % zu den psychischen Störungen gehören, die am häufigsten bei Kindern und Jugendlichen beobachtet werden. Hier kann ein erhöhtes Streßerleben zumindest als Mitverursacher gelten.

Neben den physiologisch-vegetativen und den kognitiv-emotionalen Auswirkungen kann es Verhaltensreaktionen auf ein erhöhtes Streßerleben geben. Es geht hierbei um Streßreaktionen, die unmittelbar im sichtbaren Verhalten erkennbar sind. Leicht nachzuvollziehen sind beispielsweise Verhaltensreaktionen wie eine erhöhte körperliche Unruhe, eine Aktivitätssteigerung, eine erhöhte Fahrigkeit und Konzentrationsschwierigkeiten. Im Alltag werden diese Verhaltensweisen häufig als Nervosität zusammengefaßt. Oft sind sie Ausdruck einer Überforderungssituation, die auch das Lern- und Leistungsvermögen beeinträchtigen kann.

Nicht nur das Lern- und Leistungsverhalten, sondern auch das soziale Verhalten kann durch Streß beeinflußt werden. Dies gilt vor allem, wenn Kinder mit Gereiztheit, Ärger oder Wut auf Belastungserleben reagieren und ihren Ärger dann an anderen Menschen auslassen. Seinen Ärger oder seine Wut herauszulassen ist eine Form der emotionsregulierenden bzw. palliativen Bewältigung, wobei hier allerdings ein destruktives Bewältigungsverhalten im Vordergrund steht. Dazu gehören auch Verhaltensweisen wie Türen zuzuschlagen, Gegenstände zu zerstören oder mit verbaler oder physischer Aggressivität zu reagieren. Auch wenn es manchmal gelingen mag, die eigene Wut und den eigenen Ärger zu reduzieren, so kann dieses durch Streß beeinflußte Sozialverhalten das Zusammenleben mit anderen deutlich erschweren. Ein Kind, das ständig mit destruktiv-emotionsregulierenden Bewältigungsformen auf Streß reagiert, muß damit rechnen, daß es Schwierigkeiten mit seiner sozialen Umgebung bekommt, indem andere Kinder sich zurückziehen und Kontakte vermeiden. Ähnlich problematische Reaktionen werden bei den Eltern die Folge sein, wenn es laufend zu Konfrontationen kommt. Das Verhältnis zu den Eltern wird dadurch sicherlich nicht besser werden. Die Folge des veränderten Sozialverhaltens kann also darin bestehen, daß Situationen geschaffen werden, die ihrerseits das Streßerleben nicht reduzieren, sondern weiter verstärken.

Auswirkungen des Streßerlebens auf das Sozialverhalten können sich weiterhin ergeben, wenn eine zunehmende Tendenz besteht, sich zurückzuziehen, um mehr Ruhe zu finden (s. Fallbeispiel 5). Die vorrangige Beschäftigung mit den eigenen Problemen kann dabei dazu führen, daß fremde Belange nur noch wenig zur Kenntnis genommen werden. Auch hier ergeben sich Veränderungen des Sozialverhaltens und der Sozialbeziehungen als Folge des Streßerlebens.

Fallbeispiel 5: „Nicht nur der Zappelphilipp“
Unter streßgeplagten Menschen stellt man sich typischerweise eine gehetzte und nervöse Person vor. Streßerleben ist aber zunächst ein gedankliches Geschehen, dessen Folgen vielfältig sein können. Auch eine von Außenstehenden beobachtete Ruhe kann Ausdruck von Überforderungen sein. So können Kinder, die auch in anderen Kontexten nur wenig Emotionen zeigen, ihren Streß und Ärger beispielsweise durch Tagträumereien, Ablenkungen oder Vermeiden zu bewältigen versuchen. Der Erwachsene erkennt in solchen

Fällen kaum, daß ein Kind unter Belastungen leidet. Häufig wird solches Bewältigungsverhalten von Erwachsenen verstärkt, da es mit weniger Schwierigkeiten verbunden ist als die Folgen nach außen gezeigten Ärgers. Langfristigere Problemlösungen bleiben den Kindern allerdings versagt, wenn sie nicht lernen, auf ihre Streßbelastungen aufmerksam zu machen. Das folgende Beispiel soll zeigen, daß es sehr aufschlußreich sein kann, wenn Kinder beginnen, über eigene Probleme zu sprechen:

Tom geht in die vierte Klasse und nimmt an einem Streßbewältigungstraining für Kinder teil. Bei der Anmeldung sagt seine Mutter, daß sie sich von der Teilnahme ihres Sohnes erhoffe, daß er auf die harten Anforderungen der weiterführenden Schule vorbereitet werde. Im Moment habe sie keine Probleme mit dem Jungen, auch aus der Schule kämen keine Klagen. Tom solle ruhig öfter im Unterricht aufzeigen, sage seine Klassenlehrerin. Aber sie sei doch froh, ein etwas ruhigeres Kind zu haben als einen ungezogenen Bengel, meint Toms Mutter.

Während des Trainings lernt Tom zusammen mit anderen Kindern Symptome kennen, an denen man erkennen kann, daß man Streß hat, traurig oder wütend ist. In Rollenspielen und verhaltensbezogenen Hausaufgaben werden unterschiedliche Streßbewältigungsstrategien erprobt und anschließend in der Kindergruppe bezüglich ihres Nutzens bewertet. So simulieren die Kinder beispielsweise in Rollenspielen Gespräche mit ihren Eltern oder anderen Kindern, um ihnen zu sagen, daß sie Streß wegen einer schlechten Note haben oder weil sie von anderen Kindern geärgert werden. Auch im Training ist Tom sehr zurückhaltend, drängt sich nicht gerade vor, wenn die Kinder nach ihrer Meinung gefragt werden. Dem Trainer fällt es auch schwer, einzuschätzen, was er von der Maßnahme hält.

Nach Abschluß des Trainings werden die Eltern an einem Elternabend nach ihren Bewertungen dieses Streßbewältigungstrainings für Kinder gefragt. Toms Mutter sagt, daß sie für die Gegenwart keine großen Veränderungen erwartet habe. Die Teilnahme sei ja mit dem Wunsch verknüpft, daß Tom in Zukunft von der Teilnahme profitiere. Deshalb sei sie auch sehr erstaunt gewesen, als Toms Klassenlehrerin neulich auf dem Elternsprechtag feststellte, daß Tom sich häufiger bei ihr über Dinge beschwere, etwa wenn er sich ungerecht behandelt fühlt. Diese Beobachtung der

Klassenlehrerin habe sie angeregt, selbst mehr auf Veränderungen im Verhalten ihres Sohnes zu achten. Dabei habe sie bemerkt, daß er öfter und ausführlicher über die Schule spricht. Mittags erzähle er davon, wenn er etwas Außergewöhnliches im Unterricht erlebt habe. Neulich habe er davon gesprochen, daß drei Jungen ihn ständig ärgerten, weil er der Kleinste in der Klasse ist.

Zu diesem Beispiel muß ergänzt werden, daß Überforderungen nicht nur in einem sehr zurückhaltenden Verhalten zum Ausdruck kommen können. Auch ein überangepaßtes Verhalten, als Folge einer ständigen Angst vor Fehlern, kann eine Streßreaktion sein. Kinder, die sich übermäßig auf Klassenarbeiten und Tests vorbereiten, finden häufig Gefallen bei Lehrern und Eltern, können aber selbst unter Versagensangst sehr leiden.

Streßreaktionen gibt es im somatischen, im kognitiv-emotionalen und im verhaltensbezogenen Bereich. Zwischen allen drei Bereichen können Wechselbeziehungen bestehen. Es ist davon auszugehen, daß alle wesentlichen Lebensbereiche (wie Schule, Familie und Freizeit) durch ein erhöhtes Streßerleben und die damit verbundenen Reaktionen beeinträchtigt werden können. Hinzu kommt, daß auch Streßreaktionen ihrerseits wieder Faktoren darstellen können, die streßauslösend wirken. Dies gilt nicht nur für ein unangemessenes Sozialverhalten als Folge von Streß, sondern beispielsweise auch für Streßsymptome wie Kopfweh, Bauchschmerzen oder Ängstlichkeit. Wacht man beispielsweise am Morgen vor einer wichtigen Klassenarbeit mit Kopfschmerzen auf, kann dies zu der Befürchtung führen, sich nicht konzentrieren zu können. Schon diese Befürchtung kann weitere Ängste freisetzen, die schließlich das Leistungsvermögen so weit reduzieren können, daß in der Tat eine unzureichende Leistung erbracht wird. Streßreaktionen können also Kreisläufe in Gang setzen, die sich kurzfristig (wie in dem Beispiel der Klassenarbeit) oder längerfristig (wie in dem Beispiel des Sozialverhaltens) weiter aufschaukeln.

Nachdem mögliche Streßursachen und mögliche Streßwirkungen bei Kindern beschrieben wurden, sollen die folgenden Kapitel von Möglichkeiten der Streßbewältigung handeln. Sie gehen auf einzelne Bewältigungsformen genauer ein und bilden gleichzeitig die Grundlage für die konkreten Bewältigungsübungen, die der anschließende Teil des Buches vorstellt.

III. Streßbewältigung im Kindesalter

1. Vorüberlegungen

Im folgenden geht es um einige Aspekte, die bei der Streßbewältigung im Kindesalter von Bedeutung sind. Leitend hierbei ist die Frage, zu welchem Zeitpunkt im Leben eines Kindes eine Unterstützung bei der Streßbewältigung sinnvollerweise einsetzen sollte und welche Abhängigkeiten dabei zum Entwicklungsstand des Kindes bestehen. Weiter wird gefragt, wem die Verantwortung für die Streßentstehung zugeschrieben wird und welche blinden Flecke dabei bestehen können. Und schließlich ist die Wahl des Anknüpfungspunktes Thema: Ist es besser, das Kind in seinen Streßbewältigungskompetenzen zu stärken, oder sollte vielmehr die Umgebung so geändert werden, daß weniger Streß entsteht?

1.1 Die Wahl des geeigneten Zeitpunktes

Wenn die Streßbewältigungskompetenzen eines Kindes gestärkt werden sollen, gibt es auf die Frage nach dem geeigneten Zeitpunkt eine eindeutige Antwort: so früh wie möglich. Wie in anderen Präventionsbereichen (s. zusammenfassend Lohaus, 1993) gilt auch hier, daß es sinnvoll ist, frühzeitig geeignete Kompetenzen zu vermitteln, damit nicht ein bereits vorhandenes Streßerleben und damit verbundene Symptome korrigiert werden müssen. Eine solche Vermeidung negativer Streßfolgen im Vorfeld (im Sinne einer primären Prävention) hat dabei in der Regel Vorrang vor der Korrektur bereits vorhandener Probleme (im Sinne einer sekundären Prävention).

Primäre Prävention ist aber nur dann erfolgreich, wenn sie frühzeitig genug einsetzt. Verfügt ein Kind rechtzeitig über geeignete Bewältigungsformen, dann hat es die Möglichkeit, Erfahrungen damit zu sammeln. Vieles wird dadurch bereits zur Routine und kann ohne längeres Nachdenken spontan eingesetzt werden. Ein Kind, das früh gelernt hat, sich auf seine Stärken zu besinnen und das Positive an sich und auch an belastenden Situationen zu sehen, wird sich von Problemen weniger verunsichern lassen und dadurch weniger Streß erleben. Von Anfang an Unterstützung beim Aufbau eines positiven Selbstwertgefühls zu erhalten führt zu einer grundsätzlich positiveren Grundstimmung, die die Problembewältigung erleichtert. Ähnliches gilt, wenn Kinder schon von einem frühen Entwicklungszeitpunkt an vermittelt bekommen, daß sie sich mit Problemen an ihre Eltern oder andere Personen aus ihrem sozialen Umfeld wenden können und daß sie dort Gehör finden. Auch hier wird die Grundeinstellung vermittelt, sich bei Problemen um soziale Unterstützung zu bemühen und dadurch Hilfe bei der Problembewältigung zu erhalten. Auch die Bedeutung des sozialen Netzes, in das man eingebunden ist, wird dadurch für das Kind gestärkt. Es ist also sinnvoll, so früh wie möglich Grundeinstellungen zur eigenen Person und zur sozialen Umgebung zu vermitteln, die für eine angemessene Streßbewältigung von Vorteil sind. Hierzu gehören insbesondere die Stärkung des Selbstwertgefühls sowie der Bereitschaft, sich bei Problemen Unterstützung zu holen (anfangs vielfach in erster Linie von den Eltern) und angebotene Unterstützung anzunehmen.

Prävention im Vorfeld kann sich über den gesamten Entwicklungsprozeß von der frühen Kindheit bis ins Erwachsenenalter erstrecken. Später kann dabei die Erweiterung des Spektrums an Bewältigungsformen im Vordergrund stehen, neue Bewältigungsmöglichkeiten können kennengelernt und erprobt werden. Weiterhin kann es sinnvoll sein, die eigene Sensibilität für das Erkennen von streßerzeugenden Situationen sowie von Streßsymptomen zu erhöhen. Obwohl auch hier noch Maßnahmen wie die Stärkung des Selbstvertrauens und die Suche nach sozialer Unterstützung von Bedeutung sind, erweitert sich insgesamt das Spektrum an Möglichkeiten, das eigene Streßerleben zu reduzieren.

Das Prinzip der Frühzeitigkeit gilt nicht nur für die primäre, sondern auch für die sekundäre Prävention. Denn auch wenn sich bereits erste Streßsymptome zeigen, ist es sinnvoll, so früh wie möglich mit Korrekturmaßnahmen zu reagieren. Haben sich die Streßsituation und die Symptomatik bereits gefestigt, ist es weit schwerer, Maßnahmen zur Korrektur zu ergreifen. Wenn ein Kind beispielsweise eine Abneigung gegen den Sportunterricht entwickelt, weil es dort Mißerfolge erlebt hat, so kann man anfangs leicht intervenieren und den Sportunterricht beispielsweise so ändern, daß spielerische Elemente stärker im Vordergrund stehen als sportliche Leistung. Eltern können Einfluß nehmen, indem sie die Bedeutung sportlicher Leistungen mit anderen Fähigkeiten des Kindes relativieren. Wiederholen sich die Mißerfolge jedoch über einen längeren Zeitraum hinweg, wird sich die Abneigung gegen den Sportunterricht weiter verstärken. Einerseits verringert sich dadurch die Motivation, sportliche Leistungen zu zeigen, andererseits besteht auch die Gefahr, daß das eigene Selbstwertgefühl (zumindest im sportlichen Bereich) so weit sinkt, daß sich das Kind keine sportlichen Leistungen mehr zutraut. Es kann sich ein „Teufelskreis" entwickeln, der bis zur Entstehung von Ängsten und weiteren Streßsymptomen im Zusammenhang mit dem Fach Sport führt. Die nunmehr bestehenden tiefgreifenden Abneigungen gegen den Sportunterricht, die damit verbundenen Ängste und Befürchtungen und das abgesunkene Selbstvertrauen werden sich nicht mehr leicht korrigieren lassen. Hätte man dagegen rechtzeitig korrigierend eingegriffen, indem man beispielsweise den Unterricht weniger leistungsorientiert gestaltet hätte, wäre diese Entwicklung kaum in dieser Deutlichkeit eingetreten.

Sowohl die primäre Prävention im Vorfeld als auch die sekundäre Prävention eines bereits vorhandenen Streßerlebens sollten so früh wie möglich einsetzen. Dabei ist allerdings wichtig, den Entwicklungsstand des Kindes zu berücksichtigen, um eine altersgerechte Förderung zu erreichen.

1.2 Die Berücksichtigung des Entwicklungsstandes

Am Anfang der Entwicklung ist die Verringerung der Streßbelastung von Kindern im wesentlichen von ihrer sozialen Umwelt abhängig. Die Handlungsmöglichkeiten der Kinder selbst sind noch stark eingeschränkt. Nach den Möglichkeiten zur Streßbewältigung befragt, gaben in einer eigenen Untersuchung 25 % der Kinder im Alter von 7 bis 11 Jahren und 18 % der Kinder und Jugendlichen im Alter von 11 bis 16 Jahren an, daß man nichts gegen Streß unternehmen kann (s. zusammenfassend Lohaus, 1990).

Diese Kinder und Jugendlichen sehen keine Bewältigungsmöglichkeiten und sind Streßsituationen damit mehr oder weniger hilflos ausgesetzt. Die Bewältigungsformen, die von den übrigen Kindern am ehesten benannt werden, beziehen sich auf die Einplanung von Ruhepausen und die Veränderung der Zeitplanung. Auch hier ist also nur ein eingeschränktes Spektrum an Bewältigungsformen bekannt. Daraus folgt, daß der Umgang mit Streß am Anfang der Entwicklung noch überwiegend von außen gesteuert werden muß, da den Kindern selbst vielfach noch effektive Möglichkeiten zum Umgang mit streßerzeugenden Situationen fehlen. Die Reduktion von Anforderungen oder das Aufzeigen von Bewältigungsmöglichkeiten können solche Unterstützungsmaßnahmen darstellen.

Im Laufe der weiteren Entwicklung ist es dann erforderlich, die Fremdsteuerung zunehmend in eine Selbststeuerung übergehen zu lassen. Spätestens der Jugendliche muß in weiten Teilen selbst entscheiden, wie er mit Streßsituationen umgeht und welche Bewältigungsformen er dabei einsetzen kann und will. Dies bedeutet gleichzeitig, daß spätestens zu diesem Zeitpunkt ein hinreichendes Bewältigungspotential aufgebaut sein sollte, auf das der Jugendliche zurückgreifen kann. Es ist also sinnvoll, bereits im Kindesalter ein Bewältigungspotential zu schaffen, das dann selbstbestimmt vom Jugendlichen genutzt werden kann. Erst im Jugendalter damit zu beginnen ist wesentlich schwieriger, da für viele Jugendliche die Selbstbestimmtheit des eigenen Handelns einen hohen Wert erhält, so daß die Ablehnungswahrscheinlichkeit höher ist, wenn nun Verhaltensratschläge von außen an sie herangetragen werden. Auf ein bereits vorhandenes Verhaltensrepertoire zurückzugreifen, das sich früher bewährt hat, bereitet dagegen vielfach weniger Schwierigkeiten.

Bei der Vermittlung von Bewältigungsformen ist es wichtig, den jeweiligen Entwicklungsstand eines Kindes im Auge zu behalten. Dies bedeutet beispielsweise für die Vermittlung einer Entspannungstechnik, daß die einzelnen Entspannungssequenzen nicht allzu lang dauern dürfen, da sie anderenfalls vermutlich schnell als zu langweilig empfunden werden. Weiterhin sollten die Entspannungsinstruktionen in altersgerechte Geschichten eingebaut werden, um sie damit für Kinder attraktiver zu machen. Bei der Vermittlung von Bewältigungsformen müssen also die Verständnismöglichkeiten von Kindern berücksichtigt werden. Im Vor- und Grundschulalter bedeutet dies, daß der Abstraktionsgrad gering sein und einfache und leicht verständliche Zusammenhänge vermittelt werden sollten. Ein Beispiel hierfür ist die Vermittlung eines anschaulichen Modells für die Streßentstehung (s. Abbildung 6). Es hat sich bewährt, Kindern die Entstehung von Streß mit Hilfe einer Balkenwaage mit zwei Waagschalen zu erklären. Den Kindern wird gesagt, daß sich in der einen Waagschale die Anforderungen befinden, die an sie herangetragen werden und die (je nachdem wie schwerwiegend sie für sie sind) die Waagschale mehr oder weniger weit herunterdrücken. Ein Gegengewicht bilden dabei die Bewältigungsformen, die man beim Umgang mit den Anforderungen einsetzen kann. Gelingt es einem Kind, mit den Anforderungen klarzukommen, dann befinden sich die Waagschalen wieder im Gleichgewicht. Sind die Anforderungen dagegen hoch und übersteigen sie das, was man zur Bewältigung dagegensetzen kann, sinkt die Waagschale nach unten. Erhöhte Anforderungen ohne hinreichende Möglichkeiten, etwas dagegenzusetzen, werden in der Regel als Belastung erlebt. Es kommt zum Streßempfinden.

Dies ist ein einfaches Modell, das die komplexeren Annahmen des transaktionalen Streßansatzes auf das Wesentliche reduziert. Die Grundgedanken des Ansatzes sind enthalten, und es bietet gleichzeitig den Vorteil, daß es auch von jüngeren Kindern (zumindest im Grundschulalter) gut verstanden werden kann. Es entspricht damit den Entwicklungsvoraussetzungen der Kinder.

Weiterhin ist es wichtig, nicht nur Wissen über Streß und Streßbewältigung zu vermitteln, sondern (wenn möglich und erforderlich) auch unmittelbar auf das Handeln Einfluß zu nehmen. Häufig reicht es nicht aus, theoretisch zu wissen, daß Entspannung nützlich sein könnte. Es ist vielmehr notwendig, Entspannung tatsächlich trainiert zu haben, um sie wirkungsvoll einsetzen zu können. Das Wissen, daß man Streßerlebnisse den Eltern und Lehrern mitteilen sollte, kann ebenso allein nicht ausreichend sein, um diese Strategie zur Streßbewältigung tatsächlich einzusetzen. Auch hier kann helfen zu trainieren, wie man Belastendes am besten mitteilen und wie man sich dabei Gehör verschaffen kann. Wichtig ist dabei auch, den situationsgerechten Einsatz der einzelnen Bewältigungsformen einzuüben.

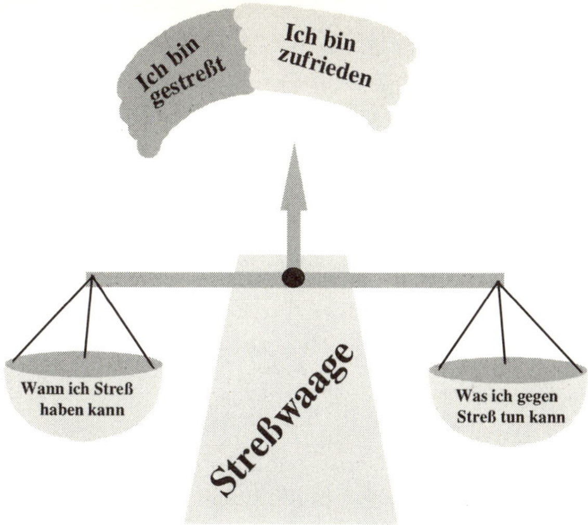

Abb. 6: Graphische Darstellung einer „Streßwaage"

Betrachtet man Kinder im Entwicklungsverlauf, dann ist zusätzlich zu betonen, daß es wichtig ist, Fördermaßnahmen nicht auf einen einzelnen Zeitabschnitt zu reduzieren. Nicht nur Erwachsene, sondern auch Kinder vergessen vieles wieder, und deshalb ist es notwendig, wichtige Fördermaßnahmen von Zeit zu Zeit zu wiederholen. Die Einübung einer Entspannungstechnik kann beispielsweise wiederholt erfolgen, damit sie sich beim Kind einprägt. Die Förderung mit Zwangsmaßnahmen macht dabei aber keinen Sinn. Kinder zum Entspannen zu drängen hat meistens gegenteilige Wirkungen und wird ihnen die Nutzung von Entspannungsverfahren verleiden. Es ist also nicht nur auf den Entwicklungsstand, sondern auch auf die Interessenlage eines Kindes zu achten, wenn Maßnahmen zur Unterstützung der Streßbewältigung ergriffen werden. Wiederholungen (gegebenenfalls mit Variationen) können dabei (solange sie dies berücksichtigen) wirkungsvoll sein, um einen längerfristigen Nutzen zu erreichen.

Fördermaßnahmen sollten bei Kindern nach Möglichkeit bereits frühzeitig einsetzen. Im Entwicklungsverlauf sollte allmählich ein Übergang von der Fremdbestimmtheit in die Selbstbestimmtheit erfolgen. Es ist ratsam, die Maßnahmen hierzu nicht nur wissensorientiert, sondern auch verhaltensorientiert und auf ihren situationsbezogenen Einsatz hin zu vermitteln, wobei darauf zu achten ist, dem Entwicklungsstand und der jeweiligen Bedürfnislage zu entsprechen. Da vieles von den Kindern wieder vergessen wird, ist ein wiederholter Einsatz sinnvoll, der die Erinnerung an wichtige Botschaften gewährleistet.

1.3 Die Verantwortungszuschreibung für die Streßentstehung

In der Psychologie ist seit langem bekannt, daß eine Tendenz besteht, Erfolge den eigenen Kompetenzen zuzuschreiben und Mißerfolge auf andere Faktoren zurückzuführen. Man spricht auch von „blinden Flecken", weil Menschen in ihrer Wahrnehmung und in ihren Urteilen bestimmte Ausschnitte des eigenen Erlebens und Verhaltens ausklammern. Dieser Begriff wurde als Analogie zum „blinden Fleck" in der Anatomie des Auges gewählt. Dort wird damit die Stelle bezeichnet, an der der Sehnerv die Netzhaut verläßt und an der keine Lichtreize abgebildet werden können. „Blinde Flecke" gibt es auch bei der Bewertung von kindlichem Verhalten durch Erwachsene, wenn man für dessen Erziehung verantwortlich oder zumindest mitverantwortlich ist. Entwickelt sich das Kind prächtig, so wird man dies sicherlich zum Teil oder sogar weit überwiegend den eigenen erzieherischen Kompetenzen zuschreiben. Nicht nur für Eltern, sondern auch für Erzieher und Lehrer gilt: Erfolge werden gern geteilt, kommt es jedoch zu Mißerfolgen, dann führt man dies vielfach auf Ursachen zurück, die nichts mit der eigenen Person zu tun haben. Es ist verständlich, daß man zunächst bemüht ist, das eigene Selbstwertgefühl zu erhöhen. Sich die Mißerfolge eines Kindes auf die eigenen Fahnen zu schreiben bedeutet auch, sich eigene Fehler eingestehen zu müssen.

Ähnliche Zuschreibungsmuster findet man, wenn es bei Kindern zu Streßerleben und zu einer Streßsymptomatik kommt. Es besteht zumindest die Gefahr, daß alle Beteiligten im Umfeld des Kindes die Ursache für das Streßerleben jeweils von sich weisen und sie anderen Erziehenden oder dem Kind selbst zuschreiben (s. Fallbeispiel 6). Die Eltern sehen die Ursache in der Schule, die Lehrer wiederum im Elternhaus, und auch das Kind muß damit rechnen, daß ihm unangemessenes Verhalten zum Vorwurf gemacht wird. Während die gegenseitigen Schuldzuweisungen zwischen Schule und Elternhaus zwar zu Unstimmigkeiten führen können, die jedoch in der Regel verkraftbar sind, treffen Schuldzuweisungen an die Adresse des Kindes das schwächste Glied in der Kette. Das Kind muß dadurch um so deutlicher erkennen, daß es in seinen Sorgen und Nöten allein gelassen wird. Einem Kind kann beispielsweise nicht dadurch geholfen sein, daß es bei Magenkrämpfen vor einer Klassenarbeit den Vorwurf hört, sich nicht so memmenhaft anzustellen. Die Folge wird vielmehr sein, daß es sich unverstanden fühlt und seine Symptome künftig nicht mehr mitteilt, sondern für sich behält. Dies wird nicht dazu beitragen, daß sich die Symptomatik lindert, sondern es besteht sogar die Gefahr, daß eine Verschärfung der Lage eintritt.

Fallbeispiel 6: „Die Klügere gibt nach“
Treffen mehrere gestreßte Menschen aufeinander, kann man nur selten beobachten, daß es ihnen gelingt, sich gegenseitig in kürzerer Zeit zu beruhigen. Und sind an solchen Interaktionen Eltern und Kinder beteiligt, wird man kaum erwarten, daß eine Konfliktlösung von der Gelassenheit ausgeht, die das Kind absichtsvoll auszustrahlen versucht. Das folgende Beispiel zeigt, daß manche Erwachsene jedoch in bestimmten Belastungssituationen genau diese unrealistische Forderung an Kinder stellen.

Jana ist neun Jahre alt und wird von ihrer Mutter zu einem Training angemeldet, in dem sie lernen soll, effektiver mit Streßbelastungen umzugehen. Auf die Hintergründe der Anmeldung angesprochen, sagt Janas Mutter, das Kind sei immer so nervös und aufgedreht. Bei den Hausaufgaben könne es sich nur schlecht konzentrieren und würde ständig durch andere Dinge abgelenkt. Bei der Beaufsichtigung der Hausaufgaben durch die Mutter komme es deswegen immer häufiger zum Streit. Die Folgen dieser Streßreaktionen drücken sich in absinkenden Schulleistungen aus, aber auch in einem angespannten Verhältnis zwischen Mutter und Tochter. Von dem Training erhofft sich die Mutter, daß Jana zum Beispiel mit Hilfe von Entspannungsübungen gelassen an die Hausaufgaben (und andere Leistungssituationen) herangehen kann und aufgrund einer erhöhten Konzentrationsfähigkeit in Prüfungssituationen weniger Flüchtigkeitsfehler macht. Könnten die Hausaufgaben ruhiger vonstatten gehen, würde Jana ihr nicht mehr so oft auf die Nerven fallen. Sie hätte wieder mehr Freude an dem Kind, so wie früher.

Im Laufe des Trainings finden begleitende Elternabende statt, in denen Streßursachen aus den Blickwinkeln der Eltern beleuchtet und Unterstützungsmöglichkeiten bei der Reduktion der Streßbelastung durch die Eltern erarbeitet werden. In diesem Zusammenhang wird auch auf die Gründe für die Streitigkeiten zwischen Jana und ihrer Mutter eingegangen. Nach den Gründen gefragt, warum sie sich während der Hausaufgaben schon durch geringste Anlässe aus der Fassung bringen lasse, sagt Janas Mutter, daß man doch auch Verständnis für ihre Situation aufbringen müsse: „Den ganzen Tag arbeite ich im Büro, und wenn ich abends nach Hause komme, bin ich ziemlich geschafft. Und obwohl ich jeden Morgen auf meine Tochter einrede, sie möge ihre Hausaufgaben doch bitte am Nachmittag vor dem Spielen erledigen, schiebt Jana diese Arbeit meistens bis zum Abend vor sich her. Dann kann ich zusehen, daß das Kind in der kurzen Zeit zwischen Abendbrot und Zubettgehen seine Hausaufgaben macht. Und obwohl schon wenig Zeit dafür übrig ist, bummelt Jana dabei herum, ist ständig abgelenkt, will von anderen Dingen erzählen oder etwas im Fernsehen sehen. Damit bringt sie mich dann mehr und mehr auf die Palme, ich muß doch schließlich darauf achten, daß das Kind rechtzeitig zu Bett geht, damit es am nächsten Tag ausgeruht und frisch in die Schule gehen kann.“

Am Ende des Trainings hatte sich Janas Mutter vorgenommen, an einem Streßbewältigungstraining für Erwachsene teilzunehmen. Sie wollte lernen, besser von beruflichen Belastungen abzuschalten, um sich entspannter auf familiäre Auseinandersetzungen einlassen zu können. Sie hatte eingesehen, daß es wenig erfolgversprechend ist, wenn Erwachsene darauf hoffen, daß Konfliktsituationen durch das umsichtige und vorbildliche Verhalten von Kindern vermieden oder gar gelöst werden. Darüber hinaus wurde ein Plan entwickelt, mit dem Jana angeleitet und motiviert wurde, immer mehr Teile ihrer Hausaufgaben am Nachmittag fertigzustellen.

Zuschreibungen, die dem eigenen Selbstwert nützen, können also hinderlich sein, da sie blinde Flecken erzeugen. Da die Ursachen zunächst immer anderenorts gesucht werden, blenden sie die Beteiligung der eigenen Person möglichst aus. Man kann davon ausgehen, daß das Streßerleben eines Kindes in der Regel ein multifaktorielles Geschehen ist, dem nicht eine einzige Ursache zugrunde liegt. Daher ist es wichtig, zunächst möglichst unvoreingenommen an die Situation heranzugehen und alle Verursachungsmechanismen in Betracht zu ziehen. Selbst wenn sich dabei ein Faktor als entscheidend herausstellen sollte, können dennoch von vielen Seiten Beiträge zur Entlastung erfolgen. Auch wenn beispielsweise klar ist, daß die wesentlichen Streßsymptome mit einer chronischen Erkrankung eines Kindes zusammenhängen, können Entlastungen aus der Familie, der Schule und dem Freizeitbereich erfolgen, um dem Kind den Umgang mit der Belastung zu erleichtern. Weder auf der Verursachungsseite noch auf der Bewältigungsseite sollten daher voreilige Zuschreibungen erfolgen, die entweder die Schuld oder die Durchführung entlastender Maßnahmen einseitig verteilen. Es ist dabei auch wichtig, die Dynamik des Geschehens zu beachten und die vielen wechselseitigen Einflüsse, die ebenfalls vermuten lassen, daß Einseitigkeiten eher die Ausnahme als die Regel sind.

Es ist wichtig, die eigenen Zuschreibungsmuster für das Streßerleben eines Kindes zu hinterfragen, um eigene blinde Flecken zu vermeiden. Sowohl die Verursachung als auch die Bewältigung von Streß erfolgen in der Regel multifaktoriell und sind in ein komplexes System zwischenmenschlicher Beziehungen eingebettet. Besonders hervorzuheben sind die negativen Wirkungen von Schuldzuweisungen an betroffene Kinder, da ihnen dadurch nicht nur Verständnis vorenthalten wird, sondern sich das Mißerfolgserleben sogar weiter verstärkt. Dies geschieht, wenn Kinder erfahren, daß man sie selbst für die entstandene Lage verantwortlich macht. Sie erleben nicht nur Streß, sondern erfahren auch, daß sie selbst und niemand anderer dafür verantwortlich sind.

1.4 Die Wahl des Ansatzpunktes

Es wurde bereits verdeutlicht, daß es viele Faktoren gibt, die zur Streßauslösung bei Kindern beitragen können. Viele dieser Faktoren können von Kindern selbst nur wenig beeinflußt werden. Wenn ein Kind sich sein Zimmer mit einem Geschwisterkind teilt und dadurch wenig Rückzugsmöglichkeiten hat, um Ruhe für sich zu finden, so hat es kaum Möglichkeiten, dies zu ändern, und selbst für die Eltern wird es schwierig sein, hier Abhilfe zu schaffen. Obwohl die optimale Lösung (ein eigenes Zimmer) hier auf der Hand liegt, wird sie sich vielleicht nicht realisieren lassen.

Das Beispiel deutet an, daß es Situationen geben kann, in denen die äußere Umgebung – falls möglich – an die Bedürfnisse des Kindes angepaßt werden sollte und nicht umgekehrt das Kind an ungünstige äußere Verhältnisse. Auch wenn das Kind nun lernen muß, sich mit der ungünstigen häuslichen Situation zu arrangieren, würde damit nicht der optimale Weg beschritten. Die streßauslösende Situation bliebe bestehen, das Kind würde lediglich darin unterstützt werden, mit ungünstigen Bedingungen zurechtzukommen.

Auf der anderen Seite läßt sich argumentieren, daß es auch nützlich sein kann, frühzeitig gelernt zu haben, Belastungen zu meistern. Das Kind, das gelernt hat, sich mit seinen Geschwistern zu arrangieren, gewinnt Erfahrungen im sozialen Umgang mit anderen. Es wird ihm vielleicht eher gelingen, mit Streit umzugehen und sich eigene Freiräume trotz widriger Verhältnisse zu schaffen. Bereits an anderer Stelle wurde betont, daß viele Anforderungen gleichzeitig auch als Herausforderung zu sehen und damit nicht immer als negativ zu bewerten sind. Im Umgang mit Anforderungen können wertvolle Erfahrungen entstehen, auf die später in kritischen Situationen zurückgegriffen werden kann. Ein anderes Beispiel sind Erkrankungserfahrungen im Kindesalter. Auch hier gilt, daß in vielfältiger Weise erhöhte Anforderungen an betroffene Kinder gestellt werden. Je nach Erkrankung können beispielsweise Einschränkungen bestehen hinsichtlich der Aktivitäten, die durchgeführt werden dürfen, oder hinsichtlich der Ernährung. Das Verhältnis zu den Freunden kann sich verändern, und auch die Schulleistungen können betroffen sein. Dennoch kann es auch positive Seiten geben, indem das Kind lernt, mit schwierigen Belastungen fertig zu werden. Wer gelernt hat, für sich das Beste aus widrigen Verhältnissen zu machen, wird sich bei kleineren Anforderungen nicht so leicht aus der Bahn werfen lassen.

Es ist daher nicht sinnvoll, ein Kind vor allen Anforderungssituationen zu bewahren und ihm jede Gelegenheit zu nehmen, sich darin zu bewähren. Vielmehr kommt es darauf an, die richtige Balance zwischen Anforderung und Überforderung zu finden. Wenn das Kind ein Streßerleben mitteilt oder Streßsymptome erkennbar sind, weist dies darauf hin, daß Grenzen überschritten und korrektive Maßnahmen sinnvoll sind. Solange ein Kind jedoch Anforderungssituationen vorrangig als Herausforderung auffaßt, wird es in der Regel eher positive Erfahrungen daraus ziehen, die ihm im späteren Leben von Nutzen sein können.

Eine Balance zu finden zwischen Anforderung und Überforderung ist nicht nur eine Aufgabe der Familie, sondern auch der Schule. Auch hier gibt es vielfältige Anforderungen, bei denen Kinder positive Bewältigungserfahrungen machen können. Problematisch wird es hier, wenn die Überforderungsanzeichen erkennbar zunehmen. Es spricht einiges dafür, unter diesen Umständen eine Veränderung der Schul- und Unterrichtsgestaltung vorzunehmen und nicht zu versuchen, die Schüler an diese von ihnen als überfordernd empfundene Umgebung anzupassen. Zwar kann man Kinder in ihrem Streßbewältigungsverhalten unterstützen, jedoch sollte dies nicht dazu führen, daß sie immer belastendere Situationen in Kauf nehmen müssen. Wenn Überforderungen eintreten, ist es zwar sicherlich sinnvoll, Kinder bei der Streßbewältigung zu unterstützen, es ist jedoch auch zu überlegen, ob Grenzen überschritten worden sind, die die Verantwortung des Erwachsenen für die Gestaltung der Lebenswelt des Kindes betreffen.

In diesem Buch wird überwiegend die Unterstützung von Kindern bei der Streßbewältigung betont. Diese Schwerpunktsetzung erfolgt aus der Überlegung heraus, daß es Kinder unter den heutigen Lebensumständen kaum vermeiden können, mit besonderen Anforderungen in Familie, Schule und Freizeit konfrontiert zu werden. Dies gilt vor allem für die nachfolgenden Abschnitte der Schul- und Berufslaufbahn, in denen sie immer wieder mit Anforderungs- und Belastungssituationen rechnen müssen. Daher ist es sinnvoll, Kindern rechtzeitig Möglichkeiten an die Hand zu geben, mit Streß konstruktiv umzugehen. Im Kern geht es also um eine präventive

Zielsetzung, die Kindern bei der Gestaltung ihres späteren Lebensweges hilfreich sein kann. Damit ist nicht ausgeschlossen, daß gleichzeitig auch Maßnahmen zur Verbesserung der Lebensumwelt erfolgen sollten (siehe hierzu Hinweise im folgenden Kapitel).

Wenn hier die Unterstützung von Kindern bei der Streßbewältigung im Mittelpunkt steht, soll damit nicht zum Ausdruck kommen, daß alle Verantwortung für den Umgang mit einer überfordernden Lebensumwelt den Kindern selbst zugeschrieben werden soll. Wenn wirklich eine Überforderungssituation eintritt, sollte zunächst überlegt werden, ob und in welcher Form eine Veränderung der sozialen und materiellen Umwelt von Kindern sinnvoll ist. Es kann auf der anderen Seite aber nützlich sein, Kinder rechtzeitig so beim Umgang mit Anforderungssituationen zu unterstützen, daß sie den heute allgemein hohen Anforderungen in Schule und Beruf gewachsen sind, denen sie im Laufe ihrer weiteren Entwicklung begegnen. Eine sterile, belastungsfreie Umwelt kann daher nicht das Ziel von Interventionen sein. Bei jeder Überforderung ist abzuwägen, ob eine Modifikation der Situation von außen oder ein Bewältigungsverhalten durch das Kind selbst sinnvoll ist. So sollten beispielsweise starke Lärmquellen bei den Hausaufgaben vermieden, Anforderungen in der Schule jedoch nicht grundsätzlich beseitigt werden, sondern so gestaltet sein, daß sie das Kind fordern und darin fördern, eigene Entwicklungspotentiale auszuschöpfen. Ein Ansatz beim Kind und seinen Bewältigungskompetenzen kann also nützlich sein, damit ein Kind seine Möglichkeiten und Grenzen realistisch einzuschätzen lernt. Der größere Kontext und die Notwendigkeit genereller Veränderungen sind dabei jedoch nicht aus den Augen zu verlieren.

> Beim Kind selbst, bei seiner unmittelbaren sozialen und materiellen Umgebung (im Kontext von Familie, Schule und Freizeit) sowie bei den allgemeinen gesellschaftlichen Rahmenbedingungen lassen sich Anknüpfungspunkte für präventive und korrektive Streßbewältigungsmaßnahmen finden. In diesem Buch steht der präventive Bereich im Mittelpunkt, wobei vor allem auf das Kind selbst und sein unmittelbares soziales und materielles Umfeld Bezug genommen wird.

Im folgenden geht es um konkrete Bewältigungsformen im Kindesalter. Dabei wird unterschieden zwischen Bewältigungsmaßnahmen, die sich auf die materielle und soziale Umgebung des Kindes richten, und Bewältigungsformen, die auf die Verbesserung der Kompetenzen des Kindes zum Umgang mit Streßsituationen abzielen.

2. Strategien zur Streßbewältigung

2.1 Veränderungen der Situation

Es gibt Streßauslöser, deren Ursache weniger in der Person des Kindes oder seiner sozialen Umgebung, sondern in ungünstigen situativen Bedingungen liegt. Ein Beispiel ist beständiger Verkehrslärm, der ruhige und konzentrierte Schularbeiten im Zimmer eines Kindes erschwert. Ähnliches gilt, wenn jüngere Geschwister im Haus sind, da auch hierdurch Lärm entstehen kann und viele Ablenkungsmöglichkeiten geschaffen sind, die Ruhe und Erholung, aber auch eine konzentrierte Arbeit erschweren.

Auch wenn sich dies nicht immer realisieren läßt, sollte ein Kind einen Platz haben, an den es sich zurückziehen kann, um Ruhe und Erholung zu erfahren. Ähnliches gilt für die Zeiten, an denen sich das Kind mit den Hausarbeiten beschäftigt. Wenn es möglich ist, sollten die räumlichen Bedingungen so beschaffen sein, daß ein Kind eigene Plätze (wie einen Arbeitsplatz) im Haus hat, die es zu bestimmten Zeiten nutzen kann. Ablenkungsquellen und Störungen sollten dabei auf ein Minimum reduziert werden.

Auch die Schule kann durch eine geeignete Gestaltung der materiellen Umgebung zur Streßreduktion beitragen. So hat es sich in einigen Schulen bewährt, Rückzugszonen zu schaffen, die Kinder nutzen können, um kurzfristig Ruhe und Erholung zu finden. Ein weitläufiges und abwechslungsreich gestaltetes Schulgelände bietet mehr Beschäftigungsräume und weniger Anlässe zu Streitereien unter Mitschülern als ein enges Gelände, das wenig Spiel- und Beschäftigungsmöglichkeiten bietet. Auch innerhalb der Schulklasse kann es sinnvoll sein, die Sitzordnung so zu gestalten, daß den Sympathien und Antipathien der Schüler Rechnung getragen wird. So lassen sich beispielsweise mit einer geeigneten

Sitzordnung Reibereien reduzieren: Das Streßpotential sinkt, da die Aggressivität zwischen den Schülern nachläßt.

Situative Bedingungen in der Schule beziehen sich allerdings nicht nur auf die Schulumgebung, sondern auch auf die formale Unterrichtsgestaltung. Auch hier wäre (je nach Entwicklungsstand der Schüler) ein Wechsel zwischen Belastung und Erholung sinnvoll. Auf Phasen der Konzentration könnten Phasen folgen, in denen spielerische Elemente im Vordergrund stehen, die der Erholung dienen. Gerade in den ersten Schuljahren schaffen es Kinder nicht, über einen Schulvormittag hinweg konzentriert bei der Sache zu bleiben.

Situative Bedingungen beziehen sich auch auf die Angebotsvielfalt im Freizeitbereich (s. Fallbeispiel 7). Zusatzangebote sollten ausreichend freie Zeit für Erholung und spontane Aktivitäten lassen. Manche Kinder haben kaum noch Zeit, unbeschwert zu spielen. Dadurch reduziert sich der Raum für Ruhe und Erholung. Gerade das Spielen hat für Kinder einen hohen Erholungswert, da es ein Gegengewicht zu Zwängen und Druck des Alltags bildet. Es ist daher sehr wichtig, solche Phasen zu erhalten. Bei der Planung des Tagesablaufs sind diese Erfordernisse so zu berücksichtigen, daß nach dem durch die Schule weitgehend festgelegten Vormittag für den Nachmittag Freiräume bleiben. Dort kann dann je nach Bedarf des Kindes die Streßbelastung reduziert werden, oder es können umgekehrt in Fällen von unterforderten Kindern die Anforderungen im Sinne von Herausforderungen gesteigert werden.

Fallbeispiel 7: „Was man einmal begonnen hat, (...) kann man auch wieder beenden“

Das Verhalten und Erleben von jüngeren Kindern ist durch eine Orientierung an der unmittelbaren Gegenwart gekennzeichnet. Sie machen das, was ihnen gerade Spaß macht. Handlungen, die im Augenblick anstrengend oder unangenehm sind, die in ferner Zukunft aber positive Wirkungen haben würden, werden nicht unternommen oder sogar vermieden. Mit dem Schuleintritt müssen Kinder mehr und mehr von diesem hedonistischen „Lebensprinzip“ Abschied nehmen. So werden bestimmte Aufgaben geübt, um am nächsten Tag eine gute Arbeit zu schreiben oder um in einigen Monaten eine gute Zeugnisnote zu bekommen. Der Aufbau dieser Aus-

dauer, die zur Verfolgung längerfristiger Ziele nötig ist, sollte auch im außerschulischen Bereich gefördert werden. Viele Eltern haben das Erziehungsmotto, daß ein Kind das, was es einmal begonnen hat, auch zu Ende führen soll. Daß dieses Motto – konsequent beachtet – zusammen mit der Neugier vieler Kinder gegenüber neuen Reizen eher zu früher Erschöpfung als zu langanhaltender Ausdauer führen kann, zeigt das folgende Beispiel:

Die Eltern von Klaus beklagen sich darüber, daß ihr Sohn viel zu viele Hausaufgaben aufbekommt. Bei dem, was die Kinder heute zu Hause für die Schule alles tun müßten, bliebe ihnen doch kaum mehr Freizeit. Das, was die Schule heute von Fünftkläßlern erwarte, ließe den Kindern doch kaum mehr Zeit, mal auszuspannen. Denn neben der Schule gäbe es ja noch eine Menge anderer Dinge, denen die Kinder nachgingen. Klaus zum Beispiel habe fast jeden Tag in der Woche mindestens einen Termin. Der Vater von Klaus zählt auf: „Einmal in der Woche hat der Junge Klavierunterricht, dafür muß er jeden Tag eine halbe Stunde üben. Dienstags und donnerstags ist Handballtraining, und am Montag geht Klaus zum Judo. In der Grundschule waren die Termine noch überschaubar. Da war einmal wöchentlich das Handballtraining und die musikalische Grundausbildung. Dann wollte Klaus wie seine große Schwester Klavierspielen lernen. Wir haben ihm damals gesagt, daß er dann regelmäßig üben muß. Denn wenn man damit anfängt, muß man auch eine gewisse Ausdauer haben. Vor einem Jahr haben einige Kinder aus seiner Klasse mit Judo angefangen, und Klaus war gleich begeistert, als sie ihm davon erzählten. Das wollte er auch machen.

Damit er aber nicht unüberlegt damit anfängt und nach dem anfänglichen Enthusiasmus wieder aufhört, haben wir ihm gesagt, daß er dann auch eine Zeitlang durchhalten muß. Ja, so kommen die vielen Termine zusammen. Und wenn man dann noch sieht, was Klaus alles für die Schule machen muß, dann kann man verstehen, daß er im Moment so nervös und zappelig ist."

Klaus' Nervosität äußert sich nach den Berichten der Eltern darin, daß er bei den Hausaufgaben oft unkonzentriert ist. Und in letzter Zeit steht er häufig wieder auf, nachdem er bereits ins Bett gegangen war, und klagt, daß er nur schlecht einschlafen könne. Außerdem sei er oft gereizt und streite sich ständig mit seiner großen Schwester.

Das Beispiel zeigt, daß die Neugier von Kindern und ihre Begeisterungsfähigkeit dann zu einem Auswuchs verplanter Freizeit führen, wenn einmal begonnene Aktivitäten nicht auch wieder beendet werden können. Und auch wenn erkannt worden ist, daß eine Überforderung mit einem übervollen Freizeitprogramm in Zusammenhang steht, ist für Eltern und Kinder die Entscheidung oft nur schwer zu treffen, auf was verzichtet werden kann. Hier kann es hilfreich sein, sich nicht sofort endgültig zu entscheiden, sondern für die eine oder andere Aktivität zunächst eine „Auszeit" zu nehmen. Das Beispiel soll darüber hinaus deutlich machen, daß Belastungen von Kindern oftmals ausschließlich mit dem Umfeld „Schule" in Zusammenhang gebracht werden. Obwohl sich dort die Folgen von Überforderungen manifestieren können, können die Ursachen der Belastungen aber woanders liegen.

Im Bereich von Familie, Schule und Freizeit sollten die situativen Bedingungen so beschaffen sein, daß die Grundbedürfnisse von Kindern befriedigt werden. Zuwenig Schlaf in der Nacht und zu wenige Erholungsphasen am Tag können dazu beitragen, daß es schneller zu Überforderungen kommt. Ähnliches gilt, wenn keine regelmäßigen Mahlzeiten stattfinden. Ein Kind, das ohne Frühstück in den Unterricht geht, wird schneller unkonzentriert, kann weniger gut dem Unterricht folgen und wird schneller Leistungsdefizite zeigen. Längerfristig besteht dadurch die Gefahr von Streßreaktionen, da es durch wiederholte Konzentrationsprobleme zu Lernrückständen kommen kann, die dem Kind zunehmend Probleme bereiten können. Die äußeren Bedingungen sollten Kindern also optimale Grundvoraussetzungen zum Umgang mit Anforderungen bieten.

2.2 Soziale Unterstützung

Die Unterstützung durch die Familie, die Schule und durch Freunde gilt als einer der wichtigsten Schutzfaktoren gegen das Auftreten von Streß. Kinder, die viel Unterstützung durch ihre soziale Umgebung erhalten, leiden weniger unter Streß. Die soziale Unterstützung kann sich dabei auf verschiedene Einflußrichtungen beziehen, auf die im folgenden eingegangen werden soll.

Nicht das Kind selbst, sondern die soziale Umgebung bestimmt in wichtigen Lebensbereichen über die Anforderungen, mit denen das Kind konfrontiert wird. Besonders deutlich gilt dies für die Schulwahl beim Übergang zur weiterführenden Schule, da hier in der Regel die Eltern (mit Beratung durch die bisherigen Lehrer) über die weitere Schulkarriere entscheiden. Stimmt die Passung von Anforderungen und individuellen Fähigkeiten nicht, kann es leicht zu Über- und auch Unterforderungen kommen. Unmittelbar deutlich ist dies, wenn die Eltern zu hohe Erwartungen an ihr Kind stellen und eine Schulform wählen, die das Kind überfordert. Hier sind nicht nur die Anforderungen hoch, durch die häufigen Mißerfolge sinkt auch die Motivation, dem Unterricht zu folgen, wodurch sich die Überforderung noch verstärkt.

Umgekehrt kann auch eine Unterforderung zu Problemen führen. Ein unterfordertes Kind ist gelangweilt, folgt dem Unterricht unzureichend, beschäftigt sich mit anderen Dingen, stört den Unterricht und bekommt dadurch längerfristig ebenfalls Probleme, die das Streßerleben steigern können. Das Kind kann beispielsweise zu ständigen Ermahnungen Anlaß geben oder zum Außenseiter in der Klasse werden. Diese Situation findet man nicht selten auch bei hochbegabten Kindern, die in der Regelschule unterfordert sind. Auch hier besteht die Aufgabe des sozialen Umfelds darin, eine geeignete Passung zwischen Fähigkeiten und Anforderungen wiederherzustellen, beispielsweise durch Zusatzunterricht oder das Überspringen einer Klassenstufe, sofern geeignete Rahmenbedingungen vorliegen.

Die soziale Umgebung kann nicht nur eine geeignete Anforderungsstruktur für ein Kind schaffen, sondern kann darüber hinaus auch vom Kind in Anspruch genommen werden, um Hilfe und Unterstützung zu erhalten. Wenn ein Kind mit Problemen konfrontiert ist, kann es seine Eltern oder Freunde bitten, ihm bei der Lösung zu helfen. Wichtig ist dabei, daß Kinder Ansprechpartner haben, die ihnen zuhören und Unterstützungsbereitschaft zeigen. Die Ansprechpartner können dann für das Kind Problemlösungen in Angriff nehmen, die es selbst nicht umsetzen kann. Das

Kind schaltet dabei soziale Ansprechpartner ein, um indirekt eigene Probleme zu lösen. Es kann jedoch auch hinreichend sein, aus der sozialen Umgebung Hilfe beim Umgang mit eigenen Streßreaktionen zu erhalten. Auch wenn sich das Problem dadurch nicht wirklich lösen läßt, ist es oft schon hilfreich, Verständnis und Zuspruch zu erhalten. Das Wissen, nicht allein gelassen zu sein, und das Bewußtsein, bei Bedarf emotionale Unterstützung zu bekommen, hilft einem Kind, eine schwierige Zeit leichter durchzustehen.

Einfluß auf das Streßbewältigungsverhalten von Kindern nimmt die soziale Umgebung auch als Modell für einen angemessenen (und auch unangemessenen) Umgang mit Anforderungen. Wenn Kinder nie erleben, daß ihre Eltern Ruhe und Erholung als Maßnahmen einsetzen, um mit eigenen Anforderungen besser umgehen zu können, werden auch ihre Kinder kaum darauf kommen, diese Maßnahmen für sich zu nutzen. Eltern (und auch Lehrer) spielen eine wichtige Rolle bei der beabsichtigten Vermittlung neuer Streßbewältigungstechniken. Wenn Trainingsmaßnahmen in diesem Bereich eingesetzt werden, so geschieht dies in der Regel durch Eltern und Lehrer. In der Schule gehören dazu beispielsweise die Anleitung und der regelmäßige Einsatz von Entspannungsübungen. Die Kinder lernen dadurch, Entspannung als Maßnahme zur Streßreduzierung einzusetzen.

Aber nicht nur das Bewältigungsverhalten selbst, auch Einstellungen zum Umgang mit Anforderungen können von Modellen übernommen werden. Einem Kind, dem genügend Selbstvertrauen in die eigenen Kompetenzen vermittelt wurde, hat auch dadurch Vorteile im Umgang mit Anforderungssituationen. Auch beim Aufbau von Selbstvertrauen und von positiven Einstellungen zur eigenen Person und den eigenen Fähigkeiten geht ein starker Einfluß von der sozialen Umgebung aus.

> Die soziale Umgebung erfüllt mindestens drei wichtige Funktionen beim Umgang mit Anforderungssituationen: Sie bestimmt zu einem nicht geringen Maße, mit welcher Art und welchem Ausmaß an Anforderungen ein Kind konfrontiert ist. Sie bietet dem Kind weiterhin problemlösende und emotionsregulierende Unterstützung beim Umgang mit Problemen an. Eine dritte Funktion besteht in der direkten und indirekten Vermittlung eines Bewältigungspotentials zum Umgang mit Anforderungssituationen.

Ein besonderes Problem in der Nutzung sozialer Unterstützung zeigt sich beim Übergang von der Kindheit zur Jugend. Die Akzeptanz von Hilfe läuft im Jugendalter häufig den Bestrebungen nach Autonomie (vor allem gegenüber Erwachsenen) entgegen. Den Rat und die Unterstützung Erwachsener einzuholen widerspricht dem Selbstverständnis von Jugendlichen, nun endlich selbstbestimmt den eigenen Zielen und Bedürfnissen nachkommen zu können. In diesem Altersabschnitt übernehmen vielfach Freunde die Funktion der sozialen Unterstützung, auch wenn dies von Erwachsenen (wie den Eltern) häufig argwöhnisch beobachtet wird. Hier Hilfe aufzudrängen führt vielfach zur Ablehnung seitens des Jugendlichen. Eine abwartende, aber grundsätzlich Unterstützung signalisierende Haltung hilft hier oft mehr als ein massives Eingreifen, das als Einmischung verstanden werden kann. Der Anspruch auf soziale Unterstützung sollte zwar für den Jugendlichen erhalten bleiben, er sollte jedoch selbst entscheiden können, wann und wie er ihn nutzen will. Wenn es im Laufe der vorhergehenden Erziehung gelungen ist, ein hinreichendes Bewältigungspotential aufzubauen, auf das der Jugendliche nun zurückgreifen kann, dann besteht eine gute Chance, daß diese Entwicklungsphase relativ problemlos durchlaufen wird.

2.3 Emotionsregulierende Strategien

Emotionsregulierende Strategien dienen dazu, Gefühle und die körperliche Erregung, die sich als Reaktionen auf Belastungen einstellen können, in den Griff zu bekommen. Hierzu gehört die Einplanung von Ruhepausen, die Entspannung, aber auch das Herauslassen von Wut, Ärger und Enttäuschung. Zusammenfassend sind alle Bewältigungsstrategien gemeint, die eine Beeinflussung der emotionalen Streßreaktionen erlauben.

Zu den emotionsregulierenden Strategien, die Kindern am häufigsten vermittelt werden, gehören Entspannungsverfahren. Sowohl in Schulen als auch in außerschulischen Bildungseinrichtungen (wie Familienbildungsstätten oder Volkshochschulen) werden häufig Entspannungsverfahren für Kinder eingesetzt bzw. angeboten. Es wird dabei davon ausgegangen, daß Kinder Entspannungstechniken relativ leicht erlernen können und daher eine ideale Zielgruppe darstellen, vor allem wenn man bedenkt, daß frühzeitiges Lernen eine günstige Voraussetzung für eine spätere Weiternutzung ist. Zu den Einsatzmöglichkeiten systematischer Entspannungstrainings im Kindesalter gibt es jedoch unterschiedliche Meinungen. Es ist beispielsweise möglich, daß systematische Entspannungstechniken den Fähigkeiten und Interessen einzelner Kinder so wenig entgegenkommen, daß die Teilnahme an einem Entspannungstraining nicht zu erkennbaren positiven Effekten führt und möglicherweise sogar kontraindiziert ist. Obwohl einzelne Kinder sicherlich von systematischen Entspannungstrainings profitieren können, kann es auch Kinder geben, die sich dabei langweilen, andere Kinder stören und insgesamt wenig Gewinn daraus ziehen.

In einer eigenen Untersuchung zur Streßbewältigung im Kindesalter (s. zusammenfassend Klein-Heßling, 1997) wurden Trainings, die ihren Schwerpunkt auf Entspannungswirkungen setzten, mit Trainings verglichen, in denen Kinder Problemlösestrategien kennenlernten. Dabei zeigten die Problemlösetrainings deutlich stärkere Erfolge für das Streßerleben und die Streßsymptomatik von Kindern als die Entspannungstrainings. Dies mag dadurch zu erklären sein, daß es einzelne Kinder gibt, die von den Entspannungsverfahren wenig profitieren und dadurch zu dem insgesamt schlechteren Abschneiden beitragen. Hinzu kommt, daß diese Kinder dazu tendieren, auch andere Kinder bei der Entspannung zu stören, so daß es insgesamt zu einer schlechteren Trainingswirkung kommen kann. Es ist also unbedingt zu beobachten, ob die Kinder von der eingesetzten Entspannungstechnik angesprochen werden. Zu bedenken ist auch, daß es unterschiedliche Verfahren gibt und daß ein Kind, das von einem Verfahren nicht profitiert, möglicherweise ein anderes gewinnbringend für sich nutzen kann. Um hier zu einer Entscheidung zu gelangen, sind gegebenenfalls zunächst Erprobungsphasen notwendig.

Gerade Kinder verfügen (noch) über ein breites Spektrum an Alternativen, um einen entspannten Zustand zu erreichen (z.B. durch Spiel, Spaß oder Toben), die Erwachsenen oftmals verschlossen sind. Die bei Kindern bereits vorhandenen Alternativen zu nutzen und weiter zu unterstützen kann sich als ein weiterer Anknüpfungspunkt zur Vermittlung von Entspannung als Bewältigungsstrategie im Umgang mit Belastungssituationen eignen. Der gezielte Einsatz von Spiel- und Erholungsphasen kann zu ähnlichen Ergebnissen führen wie der Einsatz von systematischen Entspannungsverfahren. Im Kindesalter, wenn systematische Entspannung noch nicht in Frage kommt, bieten sich also diese alternativen Möglichkeiten zur Entspannung an.

Obwohl destruktiv-emotionsregulierende Strategien der Streßbewältigung ebenfalls bisweilen geeignet sind, die eigenen Anspannungen zu lösen, stoßen sie in der sozialen Umgebung in der Regel schnell an Grenzen. Daß der wertvolle Hausrat einem kindlichen Wutanfall zum Opfer fällt, werden wohl die wenigsten Eltern bereitwillig akzeptieren. Der Einsatz dieser Strategien ist in der Regel lediglich dann tolerierbar, wenn dabei sozial akzeptable Bahnen beschritten werden (z.B. durch ein Ausagieren und Austoben im Spiel). Insgesamt werden destruktiv-emotionsregulierende Strategien häufiger von Jungen als von Mädchen eingesetzt, wobei dieser Unterschied vermutlich durch die insgesamt höhere Aggressionsbereitschaft von Jungen und die höhere soziale Toleranzgrenze für aggressive Handlungen bei Jungen zustande kommt.

Emotionsregulierende Strategien richten sich auf den Umgang mit Anspannungszuständen, die mit dem Streßerleben einhergehen. Dazu gehören systematische und unsystematische Entspannungsformen, wobei zu betonen ist, daß gerade im Kindesalter ein breites Spektrum an Entspannungsmöglichkeiten zur Verfügung steht, so daß es nicht unbedingt erforderlich zu sein scheint, systematische Entspannungstechniken zu trainieren. Dies kann allerdings aus präventiven Überlegungen heraus sinnvoll sein, da frühe (und später fortgesetzte) Erfahrungen die Chance erhöhen, daß auch später auf Entspannungsübungen zurückgegriffen wird. Auch hier sind jedoch Wiederholungen im Entwicklungsverlauf erforderlich, da ein einmaliges Training kaum zu anhaltenden Verhaltensänderungen führen wird.

2.4 Problemlösende Strategien

Problemlösende Bewältigungsstrategien richten sich unmittelbar auf die Veränderung der streßauslösenden Situation. Dazu gehört beispielsweise, über die Situation nachzudenken, Kompromisse zu suchen oder das eigene Verhalten und die eigene Situationsbewertung zu verändern. Dazu gehört auch, durch ein positives Denken und die Einstellung, ein Problem meistern zu können, die Voraussetzungen für eine konstruktive Problemlösung zu schaffen. Trainieren läßt sich dies unter anderem durch Rollenspiele und Verhaltensübungen, bei denen Probleme durchgespielt werden und nach konstruktiven Lösungen gesucht wird. Weiterhin gibt es die Möglichkeit, positive Einstellungen zu sich selbst und zum Umgang mit Problemen aufzubauen.

Eine angemessene Problemlösung setzt die Fähigkeit zur Selbstbeobachtung in Streßsituationen und die Ermittlung relevanter Informationen über das Problem voraus. Man muß sich Klarheit darüber verschaffen, wann man Streß hat, woran man erkennt, daß man Streß erlebt, und was man gewöhnlich gegen Streß unternimmt. Die Lösungssuche verlangt weiterhin die Fähigkeit, geeignete Strategien zur Problemlösung zu generieren. Bei der Entscheidungsfindung ist eine realitätsgerechte und situationsangemessene Strategie auszuwählen, wobei man hier über Auswahlkriterien verfügen muß, die die Entscheidung erleichtern. Abschließend ist der Erfolg der eingesetzten Strategie bei der Problemlösung zu bewerten. Es kommt also nicht nur darauf an, über problemlösende Strategien zu verfügen, sondern man muß auch die Kompetenzen besitzen, die jeweilige Problemsituation zu analysieren, um in der Lage zu sein, eine passende Strategie auszuwählen. Auch die abschließende Bewertungsphase ist wichtig, damit aus dem Erfolg oder Mißerfolg bei der Lösung des Problems Erfahrungen für den künftigen Umgang mit ähnlichen Problemen gewonnen werden können.

Der Unterschied zu den emotionsregulierenden Strategien besteht darin, daß hier aktive Versuche zur Problemlösung unternommen werden, während bei den emotionsregulierenden Strategien zwar der Umgang mit den Streßreaktionen erleichtert wird, die Probleme selbst jedoch nicht verändert werden. Auch dies kann natürlich eine mögliche Erklärung dafür sein, daß mit den problemlösenden Streßbewältigungstrainings bei Kindern in der eigenen Vergleichsuntersuchung bessere Resultate erzielt werden konnten als mit Trainingsvarianten, die stärker auf die Einübung von Entspannung setzten. Es kann aber Situationen geben, in denen problemlösende Strategien nicht das Verfahren der Wahl sind. Dies gilt vor allem dann, wenn eine Situation nicht veränderbar ist und man keine Kontrolle darüber ausüben kann. So sind beispielsweise Klassenarbeiten in der Schule nicht völlig vermeidbar, und es kann daher sinnvoll sein, hier emotionsregulierende Strategien einzusetzen. Auch kann es sinnvoll sein, zunächst die emotionalen Reaktionen in den Griff zu bekommen, bevor man aktiv-problemlösende Strategien einsetzen kann. Ein Kind kann so sehr von den emotionalen Reaktionen überwältigt sein, daß es nicht mehr in der Lage ist, eine Situation strukturiert anzugehen. Emotionsregulierende und problemlösende Strategien der Streßbewältigung sind daher nicht unbedingt als unabhängig oder einander ausschließend zu verstehen, sondern können sich ergänzende Maßnahmen sein.

Betrachtet man den Entwicklungsverlauf beim Einsatz von Bewältigungsstrategien, so läßt sich die Forschungslage so zusammenfassen, daß emotionsregulierende Strategien mit zunehmendem Alter häufiger zur Streßbewältigung eingesetzt werden, während für problemlösende Strategien eine altersabhängige Zunahme nur für kontrollierbare Situationen zu verzeichnen ist. Kinder sind im Laufe der Entwicklung in der Regel also zunehmend dazu in der Lage, Bewältigungsstrategien situationsangemessen einzusetzen, da der Einsatz instrumenteller Strategien vorrangig in kontrollierbaren Situationen sinnvoll ist. Vor allem jüngere Kinder haben dagegen häufig noch Probleme mit einem situationsgerechten Einsatz von Streßbewältigungsstrategien. Daraus läßt sich die Schlußfolgerung ziehen, daß es nicht nur darauf ankommt, im Entwicklungsverlauf das Spektrum der verfügbaren Streßbewältigungsstrategien zu erweitern, sondern auch auf einen situationsgerechten Einsatz zu achten. Bei der Vermittlung einer Entspannungsmethode ist beispielsweise auch mit dem Kind zusammen zu überlegen, welche Situationen zum Einsatz geeignet sind. Dabei sollte das Kind gleichzeitig dazu angeleitet werden, das Verfahren tatsächlich in den angezielten Situationen zu üben. Bei Strategien, die nicht in den Alltag integriert werden, besteht die Gefahr, daß sie für das Kind zwar theoretisch zur Verfügung stehen, daß sie dann, wenn sie gebraucht werden, aber nicht auf die angezielten Situationen übertragen werden. Einzuüben ist also nicht nur die Streßbewältigungsstrategie selbst, sondern auch ihr situationsgerechter Einsatz im Alltag.

Vor allem in Belastungssituationen, die der eigenen Kontrolle unterliegen, können problemlösende Strategien zur Streßbewältigung wirkungsvoll sein. Es kann dabei erforderlich sein, emotionsregulierende Strategien mitzunutzen, da durch Streß ausgelöste emotionale und physiologische Reaktionen eine aktive Problemlösung behindern können. Wichtig ist es, daß auf einen situationsgerechten Einsatz der einzelnen Bewältigungsformen geachtet wird. Dies bedeutet auch, sich darüber im klaren zu sein, wie die Situation beschaffen ist, um gezielter geeignete Strategien einsetzen zu können. Bei der Förderung des Streßbewältigungsverhaltens von Kindern sind also auch der situationsgerechte Einsatz sowie die Auswertung der Erfahrungen, die die Kinder mit einer Streßbewältigungsstrategie gewonnen haben, zu bedenken. Nur wenn dieser breitere Trainingsansatz verfolgt wird, können Kinder längerfristig von dem Training für den Alltag profitieren.

2.5 *Problemablenkende und problemvermeidende Strategien*

Eine weitere Möglichkeit, negative Streßfolgen zu vermeiden, besteht darin, ein Problem nicht zur Kenntnis zu nehmen und Strategien einzusetzen, um einem Problem aus dem Weg zu gehen oder sich von einem Problem abzulenken. Hier bieten sich vielfältige Strategien an, die von einem Kinobesuch, der die eigenen Gedanken zumindest kurzfristig in andere Richtungen lenken soll, bis zu einer Reise und den damit verbundenen Ablenkungsmöglichkeiten reichen können. Ablenkungs- und Vermeidungsstrategien können dazu dienen, mit Streßreaktionen, wie beispielsweise Ängsten, besser zurechtzukommen, können jedoch auch unmittelbar dazu eingesetzt werden, das Problem zu ignorieren, so daß es gar nicht erst zu Streßreaktionen kommt.

Es kann Situationen geben, in denen Ablenkungs- und Vermeidungsstrategien als eine sinnvolle Herangehensweise an belastende Ereignisse anzusehen sind. Dies gilt beispielsweise, wenn Überlastungen durch eine Vielzahl von Problemen drohen oder ein schwerwiegendes Problem besteht, das nicht durch eigenes Handeln verändert werden kann und damit unlösbar ist. Um in derartigen Situationen nicht durch emotionale Streßreaktionen zusätzlich belastet zu werden, kann es sinnvoll sein, das Problem zu vermeiden und sich damit selbst zu schützen. Ähnlich wie beim Einsatz emotionsregulierender Strategien findet jedoch auch hier keine aktive Problemlösung statt. Wie bereits an anderer Stelle beschrieben, verringert ein generalisiertes Vermeidungsverhalten auch die Wahrscheinlichkeit, neue und damit vielleicht auch positive Erfahrungen zu machen, und kann daher längerfristig negative Auswirkungen auf das Selbstvertrauen haben.

Beim Einsatz von Vermeidungsstrategien ist auch zu bedenken, daß man dadurch nicht alle Probleme umgehen kann. Dies gilt insbesondere für Kinder, denen nach Humphrey (1984) bestimmte Streßbewältigungsstrategien in geringerem Ausmaß zur Verfügung stehen als Erwachsenen, da Kinder oft für Strategien Sanktionen erhalten, die bei Erwachsenen gebilligt werden. Die Äußerung von Mißfallen oder Ärger im Unterricht beispielsweise wird bei Schülern häufig sanktioniert, während sie einem Lehrer in der Regel problemlos zugestanden wird. Auch Tagträume, die als eine beliebte Ablenkungsstrategie gelten können, stehen einem Kind im Unterricht als Streßbewältigungsstrategie kaum zur Verfügung. Darüber hinaus verbieten sich ihm auch andere Ablenkungs- und Vermeidungsstrategien (Situation verlassen, Leistung einstellen), die von Erwachsenen potentiell eingesetzt werden können.

> Insgesamt kann man also davon ausgehen, daß gerade Ablenkungs- und Vermeidungsstrategien von Kindern weniger häufig genutzt werden können, da sie in vielen Situationen einer vergleichsweise starken Kontrolle ausgesetzt sind. Dennoch bieten sich jedoch auch für Kinder vielfältige Gelegenheiten, sich durch derartige Strategien Rückzugsmöglichkeiten aus problematischen Situationen zu verschaffen.

2.6 Medikamentenkonsum zur Streßbewältigung

Ein weiterer möglicher Weg, somatische Streßreaktionen zu beeinflussen, besteht in der Einnahme von Medikamenten. Schon im Kindesalter werden in nicht unerheblichem Ausmaß Medikamente eingesetzt, um Streßsymptome abzumildern. In einer nordrhein-westfälischen Untersuchung aus dem Jahre 1988 wurden 2000 Mütter nach dem Arzneimittelkonsum ihrer 6- bis 14jährigen Kinder befragt (Ministerium für Arbeit, Gesundheit und Soziales des Landes NRW, 1988). Dabei gaben 40 % der befragten Mütter an, mindestens eine Verhaltensauffälligkeit bei ihren Kindern beobachtet zu haben (22 % Konzentrationsmängel, 17 % Zappeligkeit, 12 % Kopf- und Magenschmerzen und 10 % Schlafschwierigkeiten). Unter den Müttern, die Auffälligkeiten beobachtet hatten, griffen 38 % zu Arzneimitteln, die sie in den meisten Fällen ohne Rezept in der Apotheke gekauft hatten (bei 40 % der Kinder mit Zappeligkeit, 34 % der Kinder mit Schmerzen und 43 % der Kinder mit Schlafschwierigkeiten). Zusätzlich zur Behandlung von körperlichen Symptomen werden bei Kindern häufig auch leistungssteigernde Präparate eingesetzt. Dazu berichtet die Bundeszentrale für gesundheitliche Aufklärung (1982), daß der Anteil der Eltern, die sich für eine medikamentöse Behandlung der Schulprobleme ihrer Kinder aussprechen, zwischen 1978 und 1982 von 18 % auf 36 % gestiegen ist.

Viele Kinder dürften also schon früh Medikamente als Mittel zur Problemlösung kennenlernen. Dabei ist anzunehmen, daß diese Strategie im Laufe der Entwicklung in das eigene Handlungsspektrum übernommen wird. In einer anderen Befragung von 1717 Schülerinnen und Schülern im Alter von 12 bis 17 Jahren zeigte sich, daß 32 % der Befragten mindestens einmal in der Woche Medikamente gegen Schulstreß und Leistungsüberforderungen einnehmen (Nordlohne, Hurrelmann & Holler, 1989).

Der Vorteil, der mit dem Medikamentenkonsum verbunden ist, besteht darin, daß vielfach bereits nach kurzer Zeit eine Linderung der Symptomatik eintritt. Hinzu kommt, daß es sich um eine relativ einfache Lösung handelt, die keine aufwendigen Verhaltensänderungen erfordert. Das Problem dabei ist, daß durch Medikamente die streßauslösenden Faktoren nicht beeinflußt, sondern lediglich die Symptome bekämpft werden. Es handelt sich also vielfach zwar um kurzfristig wirksame, aber dennoch kurzsichtige Lösungen, bei denen die auslösenden Faktoren bestehen bleiben. Dabei ist auch zu bedenken, daß eine Gewöhnung an den Konsum von Medikamenten zur Problemlösung eintreten kann.

Es kann Situationen geben, wo es sinnvoll ist, mit Hilfe von Medikamenten zunächst eine Entlastung zu schaffen, um andere Zugangswege überhaupt wieder zu öffnen, so dann, wenn bereits eine schwere somatische Streßsymptomatik vorliegt. Hier können Medikamente dazu beitragen, einen somatischen oder psychischen Zustand wiederherzustellen, der einen konstruktiven Umgang mit einer Belastungssituation überhaupt erst wieder ermöglicht. Dies ist jedoch eher eine Ausnahme, während in der Regel andere Zugänge erprobt werden sollten, um mit Streßreaktionen umzugehen.

Hinzu kommt, daß mit dem Medikamentenkonsum gelernt wird, Arzneien als taugliches Mittel zur Problemlösung zu sehen. Es ist wichtig, Kindern früh zu vermitteln, daß es sinnvoll ist, sich mit belastenden Situationen auseinanderzusetzen und nicht zu versuchen, ihnen zu entfliehen. Fluchtgedanken stehen nicht selten auch hinter Alkohol- und Drogenkonsum, wenn sie zur Problembewältigung eingesetzt werden. Es kommt also darauf an, schon früh zu vermitteln, daß streßerzeugende Probleme (wenn möglich) von den Ursachen her angegangen werden sollten und daß ein Medikamentenkonsum und auch Alkohol- und Drogenkonsum dazu in der Regel wenig geeignet sind.

In der Regel sind Medikamente zur Streßbewältigung nicht sinnvoll, da die streßerzeugende Situation dadurch nicht verändert wird und ein Kind lernt, symptomorientiert und nicht ursachenorientiert zu denken. Es lernt darüber hinaus, Medikamente auch in seinem künftigen Leben als Mittel zur Streßbewältigung einzusetzen. Zur Linderung schwerwiegender Streßsymptome, wenn es notwendig ist, zunächst eine Handlungsfähigkeit wiederherzustellen, kann nach Verordnung durch einen Kinderarzt der Einsatz geeigneter Arzneien jedoch angezeigt sein.

Aus den bisherigen Überlegungen lassen sich folgende wichtige Ansatzpunkte ableiten, an die man bei der Förderung der Streßbewältigung im Kindesalter anknüpfen kann:

- die Verbesserung der Fähigkeit, Streßreaktionen als solche bei sich und anderen zu erkennen;
- die Stärkung der Fähigkeit zur Wahrnehmung und Bewertung von streßerzeugenden Situationen;
- die Steigerung der Kompetenz zur Analyse streßauslösender Faktoren und zur Suche nach situationalen Veränderungsmöglichkeiten;
- die Erweiterung des Spektrums der verfügbaren Streßbewältigungsstrategien und die Verbesserung der Fähigkeit zu einem situationsgerechten Einsatz;
- die Erhöhung der bei sich selbst wahrgenommenen Kompetenzen zur Problembewältigung und die Verbesserung des eigenen Selbstwertgefühls.

Im ersten Teil dieses Buches wurde ein Streßmodell dargestellt, das davon ausgeht, daß die Wahrnehmung und Bewertung einer Problemsituation und der zu ihrer Bewältigung zur Verfügung stehenden Mittel im wesentlichen das Streßerleben bestimmen. Danach wurde speziell auf die Situation von Kindern eingegangen, wobei zunächst mögliche Streßursachen in Familie, Schule und Freizeit dargestellt wurden. Es folgten Ausführungen zu den dabei beobachtbaren Streßreaktionen im Erleben, im Verhalten und im somatischen Bereich. Abschließend wurden Streßbewältigungsstrategien genannt, die von Kindern in Problemsituationen eingesetzt werden.

Die folgenden Kapitel behandeln mögliche Maßnahmen, die Eltern, Erzieher und Lehrer ergreifen können, um Kinder in ihrem Umgang mit Streßsituationen zu unterstützen. Im Vordergrund steht dabei das einzelne Kind, jedoch können die beschriebenen Übungen auch in Gruppen bearbeitet werden. Liegt der Schwerpunkt auf Übungen für Kindergruppen, kann auf ein ausgearbeitetes Trainingsprogramm zur Streßbewältigung zurückgegriffen werden (Klein-Heßling & Lohaus, 1998, siehe ergänzende Literaturempfehlungen).

IV. Hilfen zur Unterstützung

Wenn Erwachsene die Streßbelastung von Kindern reduzieren wollen, steht das Ziel im Vordergrund, psychische und physische Krankheiten zu verhindern oder zu lindern. Daneben kann auch Entwicklungsförderung betrieben werden, indem die richtigen Rahmenbedingungen geschaffen werden, damit das Zusammenspiel äußerer Anforderungen und individueller Fähigkeiten Kinder fordert und nicht allzu oft über- oder unterfordert.

In diesem Praxisteil des Buches werden Übungen und Maßnahmen dargestellt, die Eltern, Erzieher und Lehrer bei dieser Form der Gesundheits- und Entwicklungsförderung unterstützen.

1. Vorbemerkungen zum Praxisteil

Bevor die Übungen zur Unterstützung von Kindern bei Streß und Streßbewältigung vorgestellt werden, finden sich zunächst einige einführende Hinweise zum Umgang mit diesem Buchteil. Dabei wird erläutert, auf welche Weise die vorgeschlagenen Übungen sinnvoll eingesetzt werden und welche Chancen und Hilfen zur Streßbewältigung von Kindern mit ihnen verknüpft sind.

Wie die Darstellungen des ersten Teiles dieses Buches verdeutlicht haben, ist das, was ein Kind tatsächlich belastet, individuell unterschiedlich. Die Reaktionen von Kindern variieren in Abhängigkeit von früheren Erfahrungen, von individuellen Fähigkeiten und vom Verhalten des Umfeldes. Eine allgemein anwendbare und zugleich in jedem Fall erfolgreiche Standardstrategie zum Umgang mit Streß und Streßbewältigung bei Kindern, die wir im folgenden vorstellen könnten, kann es also nicht geben. Auch konnten wir bei der Konzeption dieses Buches nicht auf jede Belastungssituation Bezug nehmen. Wir haben daher versucht, solche Unterstützungsmöglichkeiten vorzustellen, die möglichst viele Erwachsene und Kinder nutzen können. Nicht alle Übungen sind deshalb für jedes Kind, jede Familie oder jede Schulklasse in gleicher Weise notwendig und von Belang.

1.1 Möglichkeiten und Grenzen der Unterstützung

Dem Erwachsenen bieten sich zwei grundsätzliche Wege, auf die Streßbelastung von Kindern Einfluß zu nehmen: Er kann zum einen im Sinne sozialer Unterstützung versuchen, Belastungen von Kindern zu erkennen, um diese dann zu senken (etwa durch Veränderungen der Anforderungen). Dazu finden sich Anleitungen, die die Fähigkeit zur Analyse streßauslösender Faktoren und zur Suche nach situationalen Veränderungsmöglichkeiten fördern.

Der zweite Ansatz besteht darin, daß Erwachsene die Streßbewältigungskompetenzen von Kindern stärken. Auch hierzu haben wir Material zusammengestellt, das zeigt, auf welche Weise man mit Kindern über Streß und Streßbewältigung sprechen kann, und das hilft, das Spektrum verfügbarer Bewältigungsstrategien bei Kindern zu erweitern.

Die Möglichkeiten, die Eltern oder Lehrer bei der Beeinflussung der Streßbelastung von Kindern haben, sind abhängig vom Kontext, in dem Unterstützung stattfinden soll. Dabei sind unterschiedliche Schwerpunktsetzungen möglich. Während für ganze Schulklassen eher die Vermittlung eines allgemeinen Wissens über Streß im Vordergrund stehen dürfte, erlaubt die Beschäftigung mit einzelnen Kindern individuumorientiertere Analysen und Hilfsangebote.

Die Erreichbarkeit selbstgesteckter Ziele sollte dabei im Auge behalten werden (der Reflexion der eigenen Motivationslage ist ein nachfolgender Abschnitt gewidmet). Es ist zu berücksichtigen, daß Erwachsene Kindern mit den vorgeschlagenen Übungen nur Angebote neuer Erfahrungen in Belastungssituationen machen können. Ob diese Angebote dann tatsächlich in der gewünschten Form von Kindern wahrgenommen werden, ist von zu vielen Faktoren abhängig, als daß mit Sicherheit ein Erfolg erwartet werden darf. Die vorgeschlagenen Entspannungsgeschichten beispielsweise dürften bei einigen Kindern Interesse finden. Manche Kinder hingegen werden sie wahrscheinlich überhaupt nicht mögen. Denn nicht alle finden Gefallen daran, eine Weile ruhig zu sitzen oder zu liegen, auch wenn wir Erwachsene es manchen Kindern besonders gern angedeihen lassen möchten. Und das gesamte Wesen eines Kindes zu verändern kann und darf sicher nicht das Ziel des Einsatzes dieser Übungen sein. Die Auswahl der Übungen ist darüber hinaus vom Entwicklungsstand des Kindes abhängig. Auch hierauf wird später noch gesondert eingegangen.

Mit den vorgeschlagenen Übungen sollen Erwachsene und Kinder Wege finden, mit den Belastungen des Kinderalltags besser umzugehen. Dies kann zugleich auch eine Prävention zukünftiger negativer Streßfolgen sein. Bei aktuellen chronischen Symptomen sollte immer zuerst ein Arzt aufgesucht werden, um andere Ursachen für Beschwerden ausschließen zu können. Im Zusammenhang mit stark ausgeprägten psychischen Streßsymptomen ist auch darauf hinzuweisen, daß die praktischen Übungen nicht im Sinne einer Therapie eingesetzt werden dürfen. So sind bei Chronifizierung bestimmter Streßsymptome die zugrundeliegenden Gedanken und Bewertungen häufig nicht mehr unmittelbar zugänglich oder auf durch ein Buch vermittelbare Weise zugänglich zu machen. Darüber hinaus sind bei vielen Streßsymptomen manche Erwachsene aus dem Umfeld des Kindes Teil des streßauslösenden Systems. In diesen Fällen sollte fachliche Hilfe in Anspruch genommen werden, die sich wechselseitig bedingende Belastungen identifizieren und Lösungen anbieten kann.

Die Übungen sollen eine Chance bieten, die Streßursachen von Kindern aus einer anderen Perspektive zu betrachten und Möglichkeiten auszuprobieren, damit Kinder neue Erfahrungen in und mit Belastungen machen können. Die Art und Weise, wie Kinder potentielle Streßsituationen wahrnehmen, bewerten und auf diese reagieren, ist jedoch Ergebnis einer langen individuellen Lerngeschichte und läßt sich bei dem einen Kind mehr, bei einem anderen weniger beeinflussen. Mit der Verfügbarkeit der Übungen sollte sich niemand unter Druck setzen, in jedem Fall eine ganz bestimmte Veränderung bei einem Kind herbeizuführen.

1.2 Reflexion des eigenen Verhaltens und der eigenen Ziele

Zu Beginn dieser einführenden Abschnitte wurde festgestellt, daß ein Ziel bei der Reduzierung der Streßbelastung von Kindern in der Verhinderung und Linderung psychischer und physischer Krankheiten liegt. Für eine gesunde Entwicklung ist es deswegen erforderlich, daß ein Kind durch angemessene Aufgaben gefordert, dabei jedoch nicht überfordert wird. Daneben sind aber sicher noch weitere Anliegen vorstellbar, die Erwachsene mit der Förderung der Streßbewältigungskompetenzen von Kindern verfolgen können, die aber längerfristig nicht zu einer Gesundheitsförderung beim Kind beitragen.

So mag für manche Eltern die mit effektiveren Streßbewältigungskompetenzen einhergehende erhöhte Belastbarkeit beispielsweise den Wunsch nach besseren Leistungen in der Schule wecken. Solange dies als Nebenziel hinter die Gesundheitsförderung tritt, ist dagegen nichts einzuwenden. Sollte allerdings die Erhöhung der Leistungsfähigkeit des Kindes die Hauptmotivation zur Beschäftigung mit dem kindlichen Streßerleben und seinen Bewältigungsmöglichkeiten sein, so dürfte längerfristig für die Gesundheit eines Kindes nur wenig erreicht werden.

Ebensowenig ist es in einigen anderen Bereichen sinnvoll, die Übungen dieses praktischen Buchteiles einzusetzen, um ein konkretes, aus der Perspektive des Erwachsenen erwünschtes Verhalten mitzubewirken. So ist oft zu beobachten, daß sehr zappelige, aktive Kinder lernen sollen, ihren Streß zu bewältigen, während dieser Wunsch an ruhige und zurückhaltende Kinder nur selten herangetragen wird. Dabei kann es durchaus sein, daß das zappelige Kind nur wenig unter Streß leidet oder daß bestimmte Übungen zur Streßbewältigung sogar kontraindiziert sind. Durch die mit Entspannungsübungen verbundene Ruhe und Bewegungslosigkeit wird es dann mehr unter Druck gesetzt als entlastet. Wohler würde es sich vielleicht fühlen, wenn es sich bei Sport oder beim Spiel austoben könnte. Manches ruhige, zurückhaltende Kind weiß sich dagegen in Belastungssituationen durch nichts anderes als den stillen Rückzug zu helfen, ein Verhalten, das längerfristig oft mehr Probleme schafft als löst. Viele Erwachsene werden allerdings kaum erkennen, daß dieses Kind sein Bewältigungsverhalten ändern sollte.

Wie diese Beispiele zeigen, entscheidet oft der Erwachsene darüber, ob ein Kind belastet ist oder nicht, wobei er sich bei seinem Urteil oftmals mehr an eigenen Bedürfnissen und an seiner eigenen Streßbelastung orientiert. Doch wenn die eigentliche Belastung eher auf seiten des Erwachsenen erfahren wird, ist auch zu überlegen, ob nicht eher der Erwachsene selbst lernen sollte, effektiver mit Streß umzugehen. Der indirekte Weg, zunächst das Verhalten des Kindes zu ändern, um dadurch das eigene Wohlergehen zu steigern, ist dabei nicht nur mühsamer, sondern zieht auch mit geringerer Wahrscheinlichkeit die erwartete Wirkung nach sich.

Bei Streßsituationen, die auf Konflikte zwischen Personen zurückzuführen sind, ist die Ursache häufig nicht an einer einzelnen Person festzumachen. Und so ist es erforderlich, daß Erwachsene reflektieren, in welcher Weise sie selbst durch ineffektives Streßbewältigungsverhalten Streßsituationen für ihre Kinder und sich selbst schaffen. Das Fallbeispiel 6 beschreibt eine solche streßbezogene Interaktion. Die Hoffnung, daß hier allein die Änderung der kindlichen Streßverarbeitung Konflikte bereinigt, wäre sicherlich sehr kurzsichtig. Wenn auch nicht ausschließlich, so sollte der Erwachsene in diesen Fällen zumindest zusätzlich sein eigenes Streßbewältigungsverhalten zum Thema machen.

Erwachsene sollten also ihre eigenen Motive reflektieren, bevor sie die Übungen zur Reduktion des Streßerlebens von Kindern durchführen. Daneben ist auch zu überprüfen, in welcher Weise sie durch ihr eigenes Verhalten zum Streßerleben des Kindes (und zu eigenem Streßerleben) beitragen und inwieweit ihr Verhalten zur Belastung des Kindes beigetragen hat.

1.3 Berücksichtigung des Entwicklungsstandes des Kindes

Bei der Beschreibung des Streßerlebens und des Streßbewältigungsverhaltens von Kindern wurde im ersten Buchteil überwiegend von Kindern ab dem Grundschulalter berichtet. Wenngleich die Ausprägung von Streßsymptomen ab diesem Alter mehr und mehr sichtbar wird, leiden auch schon jüngere Kinder unter den Folgen unangemessener Anforderungen. Und verfolgt man mit der Förderung von Streßbewältigungskompetenzen nicht nur eine interventive, sondern auch eine präventive Zielsetzung, so macht es Sinn, daß schon jüngere Kinder frühzeitig Strategien zur effektiven Streßbewältigung erproben.

Wie Untersuchungen zur Ausprägung von Streßsymptomen zeigen, steigt der Anteil von Kindern, die unter körperlichen Symptomen leiden, die mit Streßerleben im Zusammenhang stehen, mit zunehmendem Alter. Daher lösen im Jugendalter Ansätze zur Reduktion von Streßsymptomen vorbeugende Maßnahmen mehr und mehr ab.

Ein Teil der von uns zusammengestellten Übungen richtet sich zunächst an Erwachsene, die mehr über die mögliche Streßbelastung ihrer Kinder erfahren und Wege kennenlernen möchten, Kindern neue Bewältigungsstrategien zu zeigen. Andere Übungen sind direkt für Kinder konzipiert. Dabei dem gesamten Altersspektrum von der Kindheit bis zur Jugend angemessenes Material zur Verfügung zu stellen, hätte das Format dieses Buches weit überschritten. Die Übungen, die von Kindern selbst oder mit Kindern gemeinsam durchgeführt werden können, wurden daher schwerpunktmäßig für Kinder von etwa sechs bis zwölf Jahren konzipiert. In diesem Alter setzt man noch früh genug ein, um präventiv die Entwicklung späterer Streßfolgen zu verhindern. Andererseits zeigen die zitierten Forschungsergebnisse, daß in diesem Altersbereich schon viele Kinder angeben, Streß zu erleben, also motiviert sein dürften, sich – angeleitet durch Erwachsene – mit diesem Thema zu beschäftigen.

Dennoch sind manche Übungen für jüngere Kinder verständlich, andere wiederum spiegeln auch das Denken und die Sprache von Jugendlichen wider. Die Phantasiegeschichten beispielsweise können schon Kindern im Vorschulalter vorgelesen werden, und manche Kinder werden diese Minuten der Ruhe als angenehm erleben. Ansonsten sind zur Reduktion der Streßbelastung von Vorschülern vorrangig Erwachsene die Zielgruppe, indem sie streßauslösende Anforderungen reduzieren. Für die meisten Kinder im Vorschulalter ist beispielsweise die Streßwaage zu komplex, so daß es nicht möglich ist, ihnen Zusammenhänge zwischen Streßsituationen, Streßsymptomen und Bewältigungsverhalten zu erläutern.

Die Zusammenarbeit mit Jugendlichen kann mit der Schwierigkeit verbunden sein, daß das Angebot der Unterstützung bei der Streßbewältigung dem Streben von Jugendlichen nach Autonomie zuwiderläuft. Für sie sind die Checklisten geeignet, die wir für die erwachsenen Leserinnen und Leser konzipiert haben. Die Bilder- und Entspannungsgeschichten hingegen orientieren sich eher an kindlichen Wahrnehmungsmustern. In vielen Städten gibt es zudem ein umfangreiches Kursangebot zum Erlernen von Entspannungstechniken als Streßbewältigungsstrategien, das sich häufig auch direkt an Jugendliche richtet.

1.4 *Zusammensetzung und Gliederung des Übungsteils*

Die Zusammenstellung des Übungsmaterials beginnt mit einer Anleitung zur Vermittlung der Streßwaage. In der weiteren Darstellung werden zunächst Hinweise zur Problemanalyse gegeben, die sich an den Teilaspekten des Streßmodells „Streßwaage" orientieren: Den Anregungen zur Wahrnehmung von Streßreaktionen folgen Übungen zur Identifikation bedeutsamer Streßsituationen und zur Erfassung des kindlichen Bewältigungsverhaltens. An die Problemanalyse schließen sich Übungen und Aufgaben an, die Kindern – durch Erwachsene vermittelt – neue Möglichkeiten zur Streßbewältigung zeigen.

Zu jeder Übung findet sich eine kurze Beschreibung mit Zielsetzungen und Durchführungshinweisen. Bei bestimmten Übungen werden mehrere Realisierungen angesprochen, um den besonderen Umsetzungsmöglichkeiten, aber auch Umsetzungsgrenzen unterschiedlicher Zielgruppen (z. B. einzelne Kinder versus ganze Schulklassen) und Durchführungsmodalitäten (Durchführung zu Hause versus Durchführung in der Schule oder in anderen Institutionen) gerecht zu werden.

Der praktische Teil eignet sich einerseits für eine systematische Bearbeitung aller Übungen, von der Erarbeitung eines gemeinsamen Streßmodells (Streßwaage) über eine Problemanalyse bis hin zu verschiedenen Strategien der Problembewältigung. Daneben lassen sich die einzelnen Elemente aber auch isoliert einsetzen. So sind die Checklisten auch für solche Leser interessant, die mehr über das Streßerleben bestimmter Kinder erfahren möchten, ohne bereits selbst aktiv werden zu wollen. Auch können die Phantasiegeschichten Kindern beispielsweise zum Einschlafen vorgelesen werden, ohne daß damit zwingend die Einübung einer neuen Streßbewältigungsstrategie verbunden wäre. Wenn ein Kind frühzeitig positive Erfahrungen mit Entspannung macht, ist es vielleicht zu einem späteren Zeitpunkt eher bereit, eine systematische Entspannungstechnik zu erlernen.

2. Übungen zur Streßbewältigung

2.1 Kindern Streß erklären

Streßmodell „Streßwaage"
Wollen Erwachsene und Kinder gemeinsam über Streßbelastungen, Streßsymptome und Möglichkeiten sprechen, etwas gegen Streß zu tun, ist es erforderlich, daß sie sich auf ein gemeinsames Streßkonzept einigen. Dazu läßt sich der transaktionale Streßansatz derart vereinfachen, daß er bereits Kindern im Grundschulalter vermittelt werden kann, gleichzeitig jedoch die Grundaussagen dieser Streßkonzeption erhalten bleiben. Diese wesentlichen Grundzüge können in Form einer Waage modellhaft veranschaulicht werden (s. hierzu auch Kapitel III, Abschnitt 1.2). Erwachsene und Kinder können mit den nachfolgenden Abbildungen und Erläuterungen gemeinsam eine solche Streßwaage erarbeiten und sie sich auch aus Pappe nachbauen. Mit einem beweglichen Balken versehen und an einer Pinnwand oder Tafel aufgehängt, stellt sie die Dynamik des Streßgeschehens besonders gut dar. Ebenso sinnvoll ist es, wenn Kinder selbst eine Waage auf ein großes Blatt Papier malen, wobei die Funktionsweise und die einzelnen Elemente erhalten bleiben sollten, das Aussehen der Waage jedoch von den Kindern individuell zu gestalten ist.

Zu jedem beschriebenen Teil der Waage lassen sich zur Erklärung Beispiele suchen: eigene Erfahrungen oder solche mit dem Streßerleben anderer Personen (Geschwister, Freunde, Eltern, Lehrer usw.), wenn Kinder keine selbsterlebten Beispiele nennen können. Beispiele für Streßerlebnisse (potentielle Streßsituationen), Streßbewältigungsstrategien und Streßsymptome finden sich auch im ersten Teil dieses Buches. Bei der ersten Erarbeitung der Streßwaage sollten Beispiele und Anmerkungen der Kinder möglichst unkommentiert aufgenommen werden, damit eine vertrauensvolle Atmosphäre hergestellt wird, in der Kinder offen über ihre Erlebnisse sprechen. Die Beispiele können dann in die Abbildungen oder an den entsprechenden Stellen der selbstgezeichneten Streßwaage eingetragen oder auf Karten geschrieben zu der Pappwaage gehängt werden.

Das Modell der Streßwaage sollte auch während der nachfolgenden Übungen im Blick bleiben. Dadurch wird der Zusammenhang zwischen den einzelnen Übungen und dem Streßerleben aufgezeigt. Die in den Übungen neu erarbeiteten Streßsituationen, Streßsymptome und Bewältigungsstrategien lassen sich dann ebenfalls an den passenden Stellen der Streßwaage notieren und können dabei dann auch kommentiert werden, etwa bezüglich des Nutzens bestimmter Bewältigungsstrategien.

Damit die Erarbeitung eines gemeinsamen Streßkonzeptes nicht mit der Sammlung negativer Emotionen und Gedanken schließt, steht die Erörterung von Merkmalen, die eine effektive Streßbewältigung anzeigen, am Ende der Erarbeitung der Streßwaage. Dabei wird man feststellen, daß den meisten Kindern (und auch Erwachsenen) sehr viel mehr negative Gefühle und Gedanken einfallen als positive. Dennoch sollte man sich die Mühe machen, einige Beispiele für die positive Stimmungslage zu sammeln, die mit effektiver Streßbewältigung einhergeht. Eine Beschränkung auf eine Charakterisierung des Zustandes effektiver Streßbewältigung als Abwesenheit negativer Gedanken und Emotionen reicht dabei aber nicht aus. Einen bestimmten Zustand zu vermeiden, ohne eine Alternative zu kennen, bietet dem einzelnen im Alltag keine Orientierung und ist daher nur bedingt handlungsleitend.

1

Alles, was mit Streß und gestreßt sein zu tun hat, hängt so zusammen wie die einzelnen Teile einer Waage:

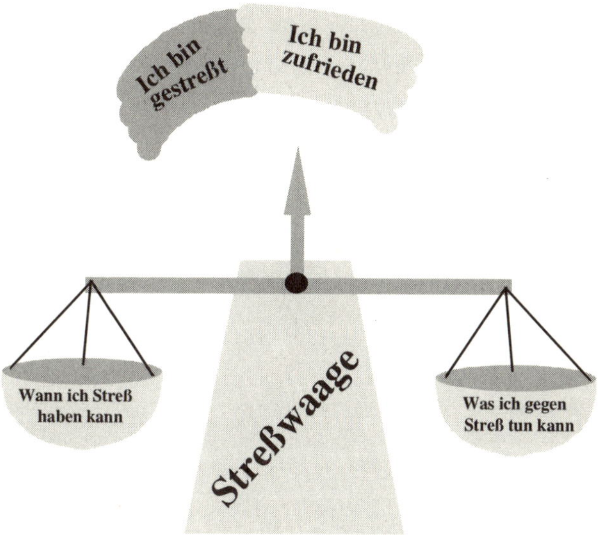

2

Es gibt Erlebnisse oder Ereignisse, bei denen man Streß hat. Dafür steht die linke Waagschale:

„Wann ich Streß haben kann“

Wenn Du Dich dann ganz unwohl fühlst und nicht weißt, was Du tun sollst, um Dich wieder besser zu fühlen, dann hängt diese Waagschale nach unten. *(Beispiele für Streßsituationen sammeln.)*

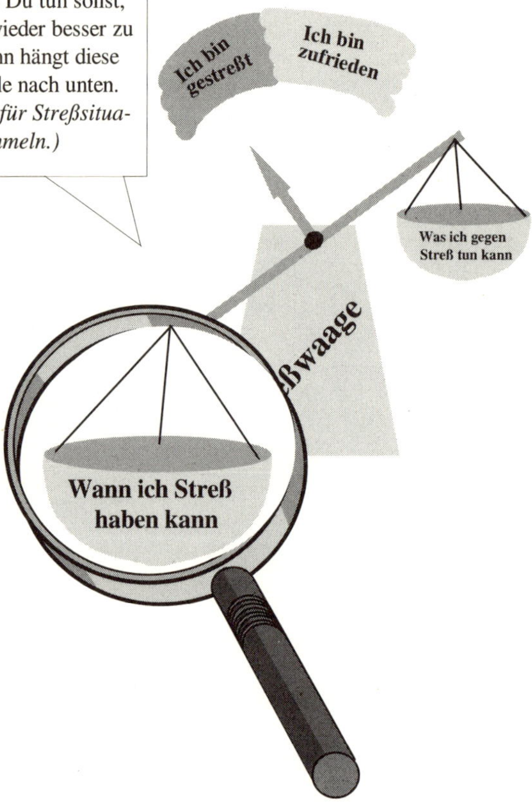

3

Die rechte Waagschale steht für all die Dinge, die Du machen kannst, um Dich bei Streß wieder wohl zu fühlen.

„Was ich gegen Streß tun kann“

Kannst Du erfolgreich etwas gegen Streß machen, dann ist die Streßwaage im Gleichgewicht. Das heißt, die Waagschalen stehen nebeneinander.
(Beispiele für Streßbewältigungsstrategien sammeln.)

4

Diese Waage kann man natürlich in Wirklichkeit nicht sehen. Meistens kann man aber merken, wie die Waagschalen gerade hängen. Hängt die linke Waagschale herunter, zeigt Dir Dein Körper und zeigen Dir Deine Gedanken, daß Du gestreßt bist: Der Zeiger der Waage steht auf „Ich bin gestreßt". *(Als Beispiele körperliche und emotionale Streßreaktionen sammeln.)*

Dadurch kannst Du spüren, daß es notwendig ist, etwas gegen Streß zu machen. Hast Du die Waage ins Gleichgewicht gebracht, so kannst Du das auch an Deinem Körper oder Deinen Gedanken merken. Du bist zufrieden oder vielleicht auch glücklich. *(Beispiele für positive Empfindungen, Emotionen und Gedanken sammeln.)*

2.2 *Übung zur Wahrnehmung von Streßreaktionen*

Checkliste „Streßsymptome“

Physische und psychische Symptome können Ausdruck einer unangemessenen Bewältigung von Anforderungen sein. Ob es sich dabei um die Symptome von Streßerleben oder von akuten Erkrankungen handelt, läßt sich nicht nach einmaligem Auftreten der Beschwerden, sondern erst nach einem längeren Beobachtungszeitraum beurteilen. Werden dann tatsächlich Reaktionen als Streßreaktionen identifiziert, ist damit die Notwendigkeit angezeigt, sich mit dem Streßerleben eines Kindes konkreter zu beschäftigen und nach möglichen belastenden Streßsituationen und Defiziten im Bewältigungsverhalten eines Kindes zu suchen.

Mit dieser Checkliste können Symptome, die mit Streßerleben in Zusammenhang stehen, systematisch erfaßt werden. Dazu können Sie auf den folgenden Seiten notieren, wie häufig Sie innerhalb der letzten zwei Wochen bestimmte Symptome bei Ihrem Kind beobachtet haben. Wenn bekannt, notieren Sie bei beobachteten Symptomen die Ursache (z.B. akute Erkrankung, Verletzung, Streit mit einem Freund). Vielleicht finden sich dadurch schon Hinweise für typische Streßsituationen. Wenn Sie keine Gründe für eine bestimmte Beschwerde kennen, lassen Sie das entsprechende Feld bitte frei. Der Identifikation potentieller Belastungssituationen widmet sich eine spätere Wahrnehmungsübung.

Diese Checkliste dient der Schärfung von Wahrnehmungen, sie ist kein exaktes Diagnoseinstrument, mit dem beispielsweise durch das Zusammenziehen aller Antworten die Intensität der gesamten Belastung durch Streßsymptome gemessen werden könnte. Mit dieser Methode, das Auftreten von Symptomen über einen länger zurückliegenden Zeitraum aus der Fremdperspektive zu erinnern, lassen sich auch keine Daten gewinnen, die einen aussagekräftigen Vergleich zwischen den Beobachtungen mehrerer Kinder zulassen.

Sollten sie durch das Ausfüllen andauernde und ernstere körperliche und seelische Beschwerden bei ihrem Kind feststellen, deren Ursachen Sie nicht kennen, suchen Sie zur Abklärung der Ursachen ärztliche oder psychologische Hilfe auf. Beobachten

Sie, daß manche Beschwerden häufiger auftreten, für die es keine unmittelbaren körperlichen Ursachen gibt; nehmen Sie dies zum Anlaß, das Streßerleben und die Streßbewältigung des Kindes zum Thema zu machen und auch die folgenden Übungen zu bearbeiten.

Dieses Gedächtnisprotokoll können sie natürlich auch auf Ihr eigenes Befinden anwenden. Versuchen Sie, sich zu erinnern, welche Beschwerden Sie in den vergangenen zwei Wochen hatten, und notieren Sie, wenn möglich, die Ursachen für diese Beschwerden. Dadurch können Sie zum einen mehr über Ihr eigenes Streßerleben lernen, zum anderen trainieren Sie dadurch Ihre Wahrnehmung für potentielle Streßsymptome.

Körperliche Symptome	Das Symptom konnte ich in den letzten zwei Wochen X **mal** beobachten.				*Einmal und öfter?* **Möglicher Auslöser:**
	keinmal	einmal	mehrmals	jeden Tag	
• Das Kind hat Kopfschmerzen.	○	○	○	○	____ ____
• Das Kind hat einen roten Kopf.	○	○	○	○	____ ____
• Das Kind hat Bauchweh.	○	○	○	○	____ ____
• Dem Kind ist schwindelig.	○	○	○	○	____ ____
• Das Kind ist erschöpft.	○	○	○	○	____ ____
• Das Kind muß ständig zur Toilette gehen.	○	○	○	○	____ ____
• Dem Kind ist übel.	○	○	○	○	____ ____
• Das Kind schwitzt stark.	○	○	○	○	____ ____

Psychische Symptome	Das Symptom konnte ich in den letzten zwei Wochen X **mal** beobachten.				*Einmal und öfter?* **Möglicher Auslöser:**
	keinmal	einmal	mehrmals	jeden Tag	
• Das Kind ist wütend.	○	○	○	○	______ ______
• Das Kind ist traurig.	○	○	○	○	______ ______
• Das Kind ist unkonzentriert.	○	○	○	○	______ ______
• Das Kind schläft schlecht.	○	○	○	○	______ ______
• Das Kind ist niedergeschlagen.	○	○	○	○	______ ______
• Das Kind ist ängstlich.	○	○	○	○	______ ______
• Das Kind hat Alpträume.	○	○	○	○	______ ______

Symptome im Verhalten des Kindes	Das Symptom konnte ich in den letzten zwei Wochen X mal beobachten.				*Einmal und öfter?* **Möglicher Auslöser:**
	keinmal	einmal	mehrmals	jeden Tag	
• Das Kind ißt wenig oder gar nicht.	○	○	○	○	____________ ____________
• Das Kind weint.	○	○	○	○	____________ ____________
• Das Kind ist gereizt.	○	○	○	○	____________ ____________
• Das Kind kaut an den Fingernägeln.	○	○	○	○	____________ ____________
• Das Kind ist aggressiv.	○	○	○	○	____________ ____________
• Das Kind ist lustlos.	○	○	○	○	____________ ____________

2.3 Übungen zum Erkennen potentieller Streßsituationen

Belastungen, die für Kinder zu Streßsituationen werden, finden sich in unterschiedlichen Lebensbereichen. Welche potentiellen Streßsituationen zu tatsächlich bedeutsamen Stressoren werden, ist von Kind zu Kind verschieden und für einen Erwachsenen nicht immer feststellbar. Zur Identifizierung von Streßsituationen haben wir zwei Fragebogen entwickelt.

Checkliste „Streßsituationen“
Die folgende Checkliste soll den Erwachsenen für potentielle Belastungssituationen von Kindern sensibilisieren. Dazu wurden unterschiedliche Situationen und Ereignisse zusammengestellt, bei denen manche Kinder Streß erleben. Auf den nächsten Seiten finden Sie zu jeder dieser potentiellen Streßsituationen eine Aussage. Die negativen Formulierungen, die mit Streß eigentlich verbunden sind (wie „In der Wohnung gibt es keinen Platz zum Austoben“) sind dabei positiv formuliert worden („In der Wohnung gibt es Platz zum Austoben“). Denn diese positive Formulierung charakterisiert einen Zielzustand bei einer Veränderung von Streßsituationen und kann somit handlungsleitend sein. Eine negative Formulierung zeigt lediglich die Notwendigkeit einer Veränderung an, ohne daß damit deutlich werden muß, wie diese Veränderung aussehen könnte.

Zu den Situationen, die mit den Kategorien „zu Hause“, „in der Schule“, „in der Freizeit“, „im Verhalten und Erleben des Kindes“ und „in meinem eigenen Verhalten und Erleben“ überschrieben sind, können Sie jeweils angeben, ob sie auf den Alltag Ihres Kindes zutreffen. Trifft etwas nicht zu, könnte das ein Hinweis auf eine potentielle Streßsituation in diesem Bereich sein.

Bei einigen Aussagen werden Sie sich vielleicht fragen, ob dort wirklich Streßsituationen beschrieben werden und nicht eher Streßsymptome oder Bewältigungsversuche. Damit wird der dynamische Charakter des transaktionalen Streßansatzes deutlich. Streßsymptome wie beispielsweise Kopf- oder Bauchschmerzen können bei anderer Gelegenheit Streßsituationen darstellen, wenn Kinder etwa den Ausbruch einer Schmerzattacke fürchten müssen. Auch die Flucht aus einer Situation, die bisweilen einzige Bewältigungsmöglichkeit, kann selbst eine neue potentielle Streßsituation darstellen, wenn sie von einem Kind bei allen Gelegenheiten, also ständig angewandt wird. Sich überhaupt keinen Konflikten zu stellen ist nämlich keine adäquate Form der Streßbewältigung.

Streßsituationen?

In der Schule	trifft zu	trifft nicht zu
• In der Wohnung gibt es Platz zum Austoben.	○	○
• Es gibt einen Raum, in den sich das Kind ungestört zurückziehen kann.	○	○
• Es gibt geregelte und ausgewogene Mahlzeiten.	○	○
• Morgens ist genügend Zeit, um in Ruhe zu frühstücken.	○	○
• In der Wohnung hat das Kind Platz zum Spielen.	○	○
• Das Kind wird gelobt, wenn es etwas gut gemacht hat.	○	○
• Das Kind hat einen Ansprechpartner, wenn es über seine Sorgen sprechen möchte.	○	○
• Das Kind kann mit anderen Kindern spielen.	○	○
• Nachts hat das Kind Ruhe zum Schlafen.	○	○

Streßsituationen?

In der Schule	trifft zu	trifft nicht zu
• Die Anforderungen in der Schule fordern das Kind heraus, ohne es ständig zu überfordern.	○	○
• Die Hausaufgaben lassen noch genug Zeit zum Spielen oder für andere Aktivitäten.	○	○
• Das Kind erzählt, was es in der Schule erlebt.	○	○
• Das Kind geht meistens gern zur Schule.	○	○
• Das Kind ist meistens stolz auf das, was es in der Schule leistet.	○	○
• Das Kind hat Freunde in der Schule.	○	○
• Das Kind erzählt, wenn es mal etwas in der Schule oder an den Lehrern stört.	○	○
• Das Kind berichtet auch von eigenen Mißerfolgen.	○	○
• Das Kind hat einen Raum, in dem es in Ruhe Hausaufgaben machen kann.	○	○
• Die Schule, die das Kind besucht, ist genau die richtige für das Kind.	○	○

Streßsituationen?

In der Freizeit	trifft zu	trifft nicht zu
• Es gibt Platz zum Austoben.	○	○
• Es gibt Möglichkeiten, im Freien zu spielen.	○	○
• Das Kind hat neben geplanten Freizeitaktivitäten (wie Musikunterricht oder Sportvereine) auch Zeit für spontane Aktivitäten oder Erholung.	○	○
• Das Kind hat Freunde, mit denen es sich nachmittags trifft.	○	○
• Es gibt Zeiten, in denen das Kind es genießt, einfach „ nichts“ zu tun.	○	○
• Das Kind wird von anderen zu Geburtstagsfeiern eingeladen.	○	○
• Das Kind sucht von sich aus Freizeitaktivitäten, die es von schulischen Belangen ablenken.	○	○

Streßsituationen?

Im Verhalten und Erleben des Kindes	trifft zu	trifft nicht zu
• Das Kind kommt relativ schnell darüber hinweg, wenn es in einem Spiel verloren hat.	○	○
• Das Kind kann sich gegenüber anderen Kindern behaupten.	○	○
• Das Kind ist gegenüber Neuem aufgeschlossen.	○	○
• Das Kind verläßt sich auf seine eigenen Stärken und sagt nicht ständig, daß andere alles viel besser können.	○	○
• Das Kind berichtet von eigenen Niederlagen und versucht nicht, diese zu verheimlichen.	○	○
• Das Kind kann sich längere Zeit auf eine Sache konzentrieren.	○	○
• Auch Unangenehmes kann das Kind „verdauen“ und grübelt nicht ständig darüber nach.	○	○

Streßsituationen?

Im eigenen Verhalten und Erleben	trifft zu	trifft nicht zu
• Ich lebe selbst eine gewisse Gelassenheit vor.	○	○
• Bei Streitereien mit dem Kind ist mir meistens bewußt, daß ich als Erwachsener vernünftiger sein sollte als das Kind.	○	○
• Ich kann eigene Schwächen (auch gegenüber dem Kind) zugeben und auch mal einen Rückzieher machen, wenn ich mich in einer Sache verrannt habe.	○	○
• Ich habe keine konkreten Vorstellungen, was aus dem Kind beruflich einmal werden soll.	○	○
• Ich kann es ganz gut aushalten, wenn das Kind einen Tag zu Hause herumlungert.	○	○
• Wenn ich selbst gestreßt bin, lasse ich meinen Ärger nicht an anderen aus.	○	○

Situationen und Symptome
Im vorausgehenden Fragebogen konnten Sie direkt angeben, ob bestimmte Streßsituationen für Ihr Kind relevant sein könnten oder nicht. Auf den beiden nächsten Seiten sollen Sie darin unterstützt werden, Streßsituationen an den begleitenden Streßsymptomen zu erkennen.

Dabei können Sie in das jeweils linke Feld ein Symptom aus der „Symptom-Checkliste“ eintragen, dessen Ursache Ihnen nicht genau bekannt ist. Überlegen Sie dann bitte, ob es Situationen gibt, die häufig vor, während und nach der Beobachtung dieses Symptoms auftreten oder öfter im Zusammenhang mit diesem Symptom aufgetreten sind. Tragen Sie diese Situationen dann bitte in das jeweils linke Feld ein. In das rechte Feld daneben können Sie Situationen notieren, die dagegen selten oder nie vor, während und nach der Beobachtung dieses Symptoms auftreten (s. Beispiel). Auf den nächsten Seiten können Sie diese Differenzierung, wenn nötig, für mehrere Symptome vornehmen.

Im Anschluß daran versuchen Sie herauszufinden, was die Gemeinsamkeiten der Situationen in den linken Feldern, was die Gemeinsamkeiten der Situationen in den rechten Feldern und was die Unterschiede zwischen den Situationen in den linken und den rechten Feldern sind. Dadurch können Sie die typischen Charakteristika der Belastungen Ihres Kindes identifizieren.

Situationen, die **häufig** vor, während oder nach der Beobachtung des Symptoms auftreten:	**Situationen**, die **selten oder nie** vor, während oder nach der Beobachtung des Symptoms auftreten:

Ein Beispiel:

Symptom *Kind ist gereizt* • *vor Klassenarbeiten* • *vor (sportlichen) Wettkämpfen* • *bei den Hausaufgaben*	• *Kind sieht fern* • *im Urlaub* • *Kind spielt mit seinen Freunden*
Symptom	

Situationen, die **häufig** vor, während oder nach der Beobachtung des Symptoms auftreten:	**Situationen**, die **selten oder nie** vor, während oder nach der Beobachtung des Symptoms auftreten:
<u>Symptom</u>	
<u>Symptom</u>	

Situationen, die **häufig** vor, während oder nach der Beobachtung des Symptoms auftreten:	**Situationen**, die **selten oder nie** vor, während oder nach der Beobachtung des Symptoms auftreten:
<u>Symptom</u>	
<u>Symptom</u>	

2.4 Übung zur Charakterisierung des Streßbewältigungsverhaltens

Fragebogen „Verhalten bei Streß oder Ärger"

Generell ist ein breites Spektrum von Bewältigungsstrategien in Streßsituationen erwünscht. Abhängig von der eigenen Lerngeschichte verfügt jedes Individuum über einen mehr oder weniger großen Ausschnitt aus diesem Verhaltenspool. Und je weniger Strategien ein Kind nutzen kann, desto unflexibler kann es auf die Besonderheiten unterschiedlicher Belastungen reagieren.

Zur Strukturierung von Streßbewältigungsstrategien wurden in Kapitel III, Abschnitt 2 vier Kategorien unterschieden: (1) emotionsregulierende Strategien, mit denen Gefühle und die körperlichen Reaktionen auf Belastungen kontrolliert werden sollen, (2) problemlösende Strategien, die sich auf eine Veränderung der streßauslösenden Situation richten, (3) problemvermeidende Strategien, mit denen von Belastungen einer Streßsituation abgelenkt werden soll, und (4) soziale Unterstützung, mit der die Hilfe anderer für die Bewältigung oder Veränderung von Belastungen in Anspruch genommen wird.

Ziel des folgenden Fragebogens ist es, zu untersuchen, über welche Bewältigungsstrategien ein Kind verfügt und in welchen Bereichen Defizite bestehen, so daß seine Reaktionen den Anforderungen unterschiedlicher Streßsituationen nicht gerecht werden können. Sie werden dazu gebeten, aufgrund Ihrer Erfahrungen mit dem Kind und Ihrer Erinnerungen an das Verhalten des Kindes bei Belastungen anzugeben, wie häufig das Kind bei Streß mit bestimmten Verhaltensweisen reagiert.

Exakt festzustellen, wie sich ein Kind bei Belastungen verhält, ist mit einem solchen Verfahren natürlich nicht möglich, da Sie das Kind nicht ständig beobachten können. Für die Zielsetzung des Fragebogens reicht es jedoch aus, ungefähre Angaben über die Häufigkeit des Einsatzes bestimmter Verhaltensweisen zu erhalten.

Die Bewältigungsstrategien sind in vier Kategorien unterteilt, und zur Auswertung des Fragebogens reicht es aus, festzustellen, aus welchen Verhaltenskategorien das Kind oft oder immer und aus welchen Verhaltenskategorien es selten oder nie Strategien verwendet.

Sollten Sie für das Kind deutliche Defizite in einer Verhaltenskategorie feststellen, können Sie sich im weiteren auf solche Übungen konzentrieren, die die Ausbildung von Strategien aus einem unterrepräsentierten Verhaltensbereich fördern. Die grauen Unterlegungen bei den emotionsregulierenden Bewältigungsstrategien kennzeichnen Strategien von überwiegend destruktivem Charakter. Werden diese Strategien oft oder immer bei Streß oder Ärger in Belastungssituationen eingesetzt, sind vermutlich deutliche Defizite im Streßbewältigungsrepertoire eines Kindes vorhanden.

Bewältigungsverhalten:

Überlegen und notieren Sie auf den folgenden Seiten bitte, wie oft Ihr Kind Ihrer Meinung nach bei Streß oder Ärger mit bestimmten Verhaltensweisen reagiert.

Emotionsregulierende Strategien

Bei Streß ...	nie	selten	manchmal	oft	immer
• ... legt es sich hin und ruht sich aus.	○	○	○	○	○
• ... braucht es viel Bewegung, um sich abzureagieren.	○	○	○	○	○
• ... zieht es sich zurück und möchte seine Ruhe haben.	○	○	○	○	○
• ... macht es etwas, um sich zu entspannen.	○	○	○	○	○
• ... hört es Musik zur Entspannung.	○	○	○	○	○
• ... ist es traurig und weint.	○	○	○	○	○

Bei Streß ...	nie	selten	manchmal	oft	immer
• ... regt es sich sehr auf.	○	○	○	○	○
• ... schreit es, um Dampf abzulassen.	○	○	○	○	○
• ... läßt es seinen Ärger an anderen aus.	○	○	○	○	○
• ... flucht es laut vor sich hin.	○	○	○	○	○
• ... macht es etwas kaputt.	○	○	○	○	○
• ... geht es weg und knallt die Tür hinter sich zu.	○	○	○	○	○

Problemlösende Strategien

Bei Streß ...

	nie	selten	manchmal	oft	immer
● ... versucht es, es beim nächsten Mal besser zu machen.	○	○	○	○	○
● ... denkt es darüber nach, wie es das Problem lösen kann.	○	○	○	○	○
● ... entscheidet es sich für einen Weg, das Problem zu lösen.	○	○	○	○	○
● ... ändert es etwas, damit die Dinge gut laufen.	○	○	○	○	○
● ... überlegt es, warum das passiert ist.	○	○	○	○	○
● ... gibt es sich besondere Mühe, damit das nicht nochmal passiert.	○	○	○	○	○

Problemvermeidende Strategien

Bei Streß ...

	nie	selten	manchmal	oft	immer
● ... versucht es, nicht daran zu denken.	○	○	○	○	○
● ... lenkt es ab, wenn man es auf das Problem anspricht.	○	○	○	○	○
● ... versucht es, ähnlichen Situationen zukünftig aus dem Weg zu gehen.	○	○	○	○	○
● ... will es besonders gut gelaunt sein.	○	○	○	○	○

Soziale Unterstützung suchen

Bei Streß ...

	nie	selten	manchmal	oft	immer
... läßt es sich von jemandem aus der Familie helfen.	○	○	○	○	○
... fragt es jemanden aus der Familie um Rat.	○	○	○	○	○
... spricht es darüber mit seinen Freunden oder Geschwistern.	○	○	○	○	○
... läßt es sich von jemandem trösten.	○	○	○	○	○
... erzählt es jemandem, was passiert ist.	○	○	○	○	○
... fragt es jemanden um Rat, der schon einmal ein ähnliches Problem hatte.	○	○	○	○	○
... läßt es sich von einem Freund oder einer Freundin helfen.	○	○	○	○	○

2.5 Soziale Unterstützung

Ob und in welchem Ausmaß ein Kind durch Streß belastet ist, ist sehr stark von der Unterstützung durch Familie, Schule und Freunde abhängig. Dabei kann die soziale Unterstützung darin bestehen, daß Kinder sich in Streßsituationen von anderen trösten lassen, also soziale Unterstützung in emotionsregulierender Weise erfahren. Gerade für Kinder ist es darüber hinaus wichtig, soziale Unterstützung zu mobilisieren, damit andere (meist Erwachsene) stellvertretend problemlösend Streß bewältigen. Denn oft liegt die Veränderung potentieller Belastungen außerhalb des Kompetenzbereiches von Kindern. Mit den folgenden Übungen können Erwachsene und Kinder gemeinsam herausfinden, von welchen Personen ein Kind soziale Unterstützung erfahren kann, und diskutieren, wie es sein Bedürfnis nach sozialer Unterstützung in Belastungssituationen konkret signalisieren kann.

„Soziales Netz"

Zur Beschreibung des Personenkreises, von dem soziale Unterstützung in Belastungssituationen erbeten werden kann, gibt die folgende Graphik einige potentielle Streßsituationen für Kinder vor (wie „Streß wegen Klassenarbeiten", „Ärger mit Freunden"). Dazu können Kinder angeben, von wem sie sich in diesen Situationen helfen lassen können, damit sie sich wieder wohler fühlen. In die leeren Felder können weitere Streßsituationen und potentielle „Helfer" eingetragen werden, die für ein Kind von Bedeutung sind.

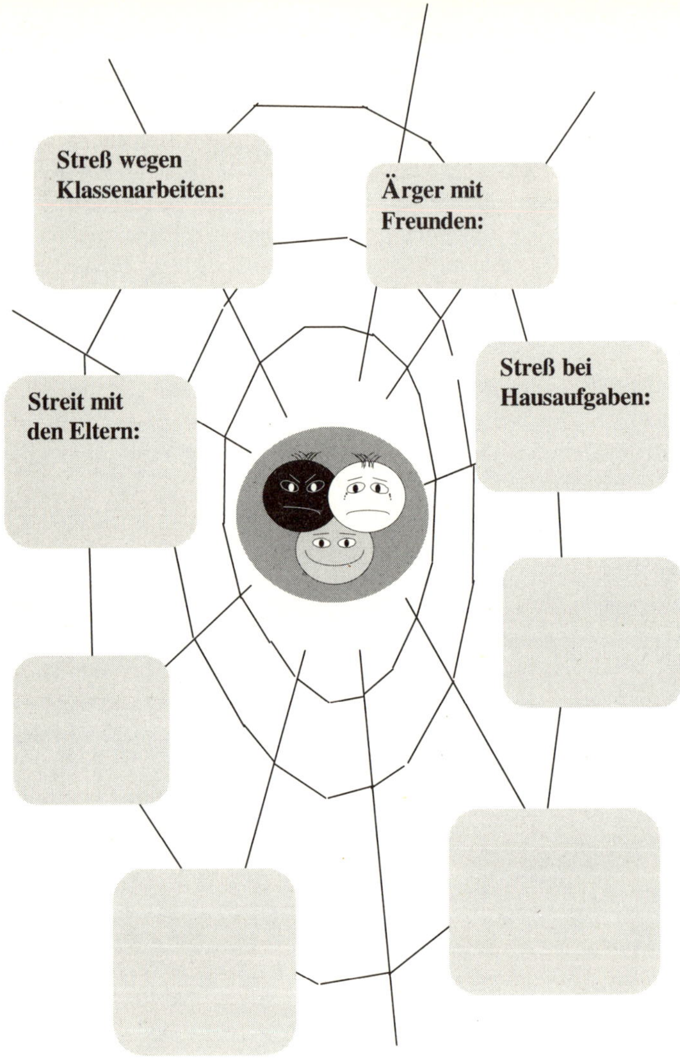

Streß wegen Klassenarbeiten:
Ärger mit Freunden:
Streit mit den Eltern:
Streß bei Hausaufgaben:

„Über eigenen Streß reden"

Auch wenn man Personen im eigenen Umfeld kennt, von denen man denkt, daß sie in Belastungssituationen vielleicht helfen würden, ist es manchmal schwierig, sie in konkreten Situationen anzusprechen. Zwei Geschichten mit offenem Ausgang sollen Kinder dazu anregen, sich Formulierungen auszudenken, mit denen man andere auf eigenes Streßerleben aufmerksam macht.

Geschichte 1

Lisa geht seit vier Jahren zur Schule. Meistens geht sie ganz gern in die Schule, denn dort trifft sie ihre Freundinnen, und vor allem in den Pausen kann man sich eine Menge erzählen. Von den Schulfächern findet sie viele ganz interessant, einige aber auch ein bißchen langweilig. Und auch ihre Noten gehen in Ordnung, mal sind sie besser, manchmal etwas schlechter. Vorgestern hat die Klasse ein Diktat geschrieben, und irgendwie war Lisa gar nicht gut drauf. Sie konnte sich nicht gut konzentrieren, und bei vielen Wörtern fiel ihr nicht mehr ein, wie man sie richtig schreibt. Und als sie heute die Arbeitshefte zurückbekommen, hat sie ein ganz ungutes Gefühl. Beim Austeilen sagt die Lehrerin zu Lisa: „Dies Diktat war ja wohl ganz schön schwer für dich ..." Und als Lisa ihr Heft öffnet, wird sie ganz bleich im Gesicht. Mit einer solch schlechten Note hat sie nicht gerechnet. Sie packt das Heft in die tiefste Ecke ihrer Schultasche, damit es bloß niemand findet. Am Mittag zu Hause angekommen, fragt Lisas Mutter, wie es heute in der Schule gewesen sei, doch Lisa verdrückt sich schnell auf ihr Zimmer ...

Geschichte 2

In der großen Pause steht Heiner mit einigen Kindern zusammen auf dem Schulhof herum. Um sich die Zeit zu vertreiben, schlägt ein Kind vor, „Blinde Kuh" zu spielen, und sagt: „Hey Heiner, du bist die Blinde Kuh, dir brauchen wir die Augen gar nicht zuzubinden. Wir nehmen dir einfach deine dicke Brille weg, dann kannst du sowieso nichts mehr sehen." Die anderen Kinder krümmen sich vor Lachen, nur Heiner nicht. Er hatte sich schon gefreut, daß er auch mitspielen darf. Das kommt nicht oft vor, denn er hat kaum Freunde in der Klasse, und wegen seiner Brille machen sich viele über ihn lustig. Jetzt haben sie ihn also schon wieder reingelegt, und Heiner ist so enttäuscht, daß er wegläuft und weint ...

Nach dem Vorlesen einer Geschichte beginnt durch Auswertungsfragen das Gespräch über die Geschichten (z. B. „Wie fühlt sich Lisa/Heiner jetzt? Was könnte sie/er tun, damit sie/er sich wieder besser fühlt?"). Im Anschluß wird besprochen, mit wem Lisa/Heiner über das Ereignis sprechen kann, wobei konkrete Formulierungen entwickelt werden sollten (Mit wem sollte Lisa/Heiner sprechen? Wie sollte sie/er das sagen? Was sollte sie/er sagen?). Schließlich werden die Vor- und Nachteile dieser Strategie, mit anderen über eigenes Streßerleben zu sprechen, erörtert. Im Anschluß kann bei Interesse die nächste Beispielgeschichte bearbeitet werden. Abschließend werden dann individuell passende Situationen gesammelt, in denen das Suchen nach sozialer Unterstützung eine adäquate Streßbewältigungsstrategie ist.

Neben dem Diskutieren dieser Beispielgeschichten können sie in größeren Kindergruppen (z. B. Schulklassen) auch in Form von Rollenspielen dargestellt werden. Die Darsteller denken sich für jedes Spiel zuvor einen Handlungsausgang aus. Kinder, die nicht am Rollenspiel beteiligt sind, beobachten das Geschehen, bewerten im Anschluß die Wirksamkeit des dargestellten Streßbewältigungsverhaltens und spielen bei Bedarf Handlungsalternativen vor.

2.6 Bewältigungsstrategien fördern: Problemlösende Streßbewältigung

Mit problemlösendem Bewältigungsverhalten wird versucht, entweder die streßauslösende Umwelt oder streßinduzierende Merkmale der eigenen Person (wie Ziele, Gedanken, Gewohnheiten) zu verändern. Wie schon der vorherige Abschnitt zur „sozialen Unterstützung" zeigte, ist es Kindern oft nicht möglich, unmittelbar auf äußere Anforderungen erfolgreich einzuwirken. In diesem Abschnitt wird gezeigt, wie Kinder auf innere Anforderungen Einfluß nehmen können, wie sie streßauslösende Gedanken wahrnehmen können und wie sich diese durch Stärkung des Selbstvertrauens verändern lassen. Davor wird ein allgemeiner Problemlöseansatz vorgestellt, der Kinder darin unterstützt, in Streßsituationen nach Handlungsalternativen zu suchen und effektives Verhalten herauszufinden. Abschließend gibt es einige

Tips zur Bewältigung der Hausaufgabensituation als einer sehr weit verbreiteten Belastung, die oft nicht nur Kinder, sondern auch die Eltern stark in Anspruch nimmt.

Problemlösen

Die Verfügbarkeit von allgemeinen Fähigkeiten, unterschiedliche Probleme zu lösen, stellt eine übergreifende Form der Streßbewältigung dar. Problemlösefähigkeiten ermöglichen eine größere Anpassung in Streßsituationen, denn durch allgemeine Problemlösefähigkeiten kann ein Kind sein individuelles „Streßbewältigungsprogramm" planen, erproben, optimieren und neu erworbene Strategien sinnvoll integrieren. Der Problemlöseprozeß sollte durch fünf Schritte gekennzeichnet sein: (1) Problemdefinition, (2) Lösungssuche, (3) Entscheidungsfindung, (4) Erprobung von Lösungen und (5) Bewertung von Lösungen.

Die Problemdefinition setzt die Fähigkeit voraus, sich selbst in Streßsituationen zu beobachten und relevante Informationen über das Problem zu ermitteln. Die Lösungssuche verlangt vom Kind, Strategien zu generieren. Dazu sollte zunächst – im Sinne eines Brainstorming – alles gesammelt werden, was potentiell zur Problemlösung beitragen könnte. Erst beim Schritt der Entscheidungsfindung werden die Vor- und Nachteile einzelner Problemlösungen bewertet. Das Ziel ist es, eine optimale, anwendbare und realitätsgerechte Strategie für die aktuelle Problemsituation zu finden. Hier muß das Kind also über Kriterien zur Auswahl von Strategien verfügen. Die Durchführung der Lösungsstrategien und anschließende Bewertung verlangt Handlungskompetenzen und die kognitive Fähigkeit, den Erfolg eigenen Handelns zu bewerten. In Abhängigkeit vom Erfolg des Problemlöseversuches ist das Problemlösen dann beendet oder beginnt erneut mit dem ersten Schritt.

Mit dem nachstehenden Modell, das den Problemlöseprozeß graphisch veranschaulicht, können Kinder die fünf Schritte des Problemlösens kennenlernen und anhand dieser Graphik neue Probleme, mit denen sie konfrontiert werden, angehen. Zur Bearbeitung der einzelnen Problemlösephasen gibt es Fragen, die zuerst gemeinsam mit den Kindern, später dann von Kindern im Selbstdialog beantwortet werden sollen.

Das vorgestellte Konzept des Problemlösens ist nicht mit dem problemorientierten Bewältigungsverhalten gleichzusetzen. Im Zuge des Problemlöseprozesses kann sich in Abhängigkeit von der Bewertung der Ausgangssituation und der eigenen Handlungskompetenzen entweder problemorientiertes oder emotionsorientiertes Bewältigungsverhalten als angemessen erweisen.

Bildergeschichte „Negative Gedanken“
Eine Grundannahme des transaktionalen Streßansatzes besteht darin, daß es zu krankmachendem Streßerleben dann kommt, wenn potentielle Streßsituationen negativ bewertet werden. Die nachfolgende Bildergeschichte thematisiert diesen Einfluß von negativen Gedanken auf das Verhalten und Erleben von Kindern. Die Bildergeschichte sollte von Kindern selbst erzählt werden, wobei sie die einzelnen Bilder sehr detailliert beschreiben können. Nach der Bildbeschreibung leiten Fragen (z. B. „Wie fühlt sich das Kind? Warum fühlt es sich so? Was denkt das Kind? Was kann es tun, damit es sich wieder besser fühlt?“) in das Thema ein. Dabei wird auch der Einfluß der Kognitionen in den Gedankenblasen auf Verlauf und Ausgang der Geschichte angesprochen.

Nein, ich komme nicht 'raus zum spielen. Ich... äh... ich habe keine Lust..
Er ist schon vorbereitet und kann spielen. Und ich habe noch nichts geschafft!
Schon so spät! Hoffentlich geht morgen alles gut!
Ich habe Bauchweh! Mama muß mir eine Entschuldigung schreiben.
Kopfschmerzen Mein Kopf ist leer! Ich will nicht!!
10:5
8·4
KLAVIER ÜBEN!
KLASSEN ARBEIT!
NEIN!
?!
?
9 3/4 Ich will nicht!

Bildergeschichte „Positive Gedanken"
In der zweiten Bildergeschichte ist eine potentielle Streßsituation dargestellt, die im Gegensatz zur ersten einen positiven Handlungsausgang hat. Die Gedankenblasen in dieser Geschichte sind noch nicht beschriftet. Auch hier kann die dargestellte Geschichte zunächst von einem Kind erzählt werden. Im Anschluß sollen dann die Gedankenblasen von einem Kind ausgefüllt werden. Zum Abschluß werden individuell bedeutsame Belastungssituationen gesammelt, in denen positive Gedanken entlastend wirken.

Morgen schreiben wir eine Klassen-arbeit
...achte auf die Regel: „nach l n r das merke ja, steht nie tz und nie ck." – Prima! Und später füttern wir den Vogel.
...natürlich habe ich Zeit! Ich komme zum Spielen.

... ich lese alle Wörter 2 x vor.

Selbstvertrauen stärken
Welche Gedanken einem Menschen in Belastungssituationen durch den Kopf gehen, läßt sich kaum willentlich beeinflussen. Deswegen ist es wichtig, daß positive Bewertungen der eigenen Person durch häufige, aktuelle Erfahrungen gefördert werden. Durch die Stärkung des Selbstvertrauens eines Kindes kann das Kind diese positiven Erfahrungen machen, und positive Gedanken können in Belastungssituationen vor negativen Gedanken präsent sein.

Die Entwicklung des Selbstvertrauens wird von den Erwachsenen aus der Umgebung eines Kindes entscheidend beeinflußt. In Abhängigkeit davon, mit welchen Anforderungen sie Kinder konfrontieren und wie sie auf Erfolge und Mißerfolge reagieren, wird der Selbstwert eines Kindes geprägt. Wollen Erwachsene positive Einstellungen als Schutzfaktor für negatives Streßerleben aufbauen, müssen sie sich an der Stärkung des Selbstvertrauens eines Kindes beteiligen. Dies bedeutet jedoch nicht, einem Kind ein einseitig positives, geschöntes Selbstbild zu vermitteln. Zum Aufbau eines angemessenen Selbstvertrauens für das Kind gehört ebenso eine realistische Einschätzung der eigenen Fähigkeiten und dazu die Kenntnis eigener Schwächen.

Wie Erwachsene das Selbstvertrauen eines Kindes stärken können, dazu gibt es sicher kein Patentrezept. Wir möchten jedoch einige Anregungen geben, auf welche Weise zumindest ein Beitrag zum Aufbau von kindlichem Selbstvertrauen geleistet werden kann.

- Das Kind loben, wenn es etwas gut gemacht hat. Hier sollte nicht nur schulbezogenes Verhalten des Kindes bewertet werden. Jedes Kind hat etwas, das es besonders gut kann, wobei manche Fähigkeiten kein direkter Gegenstand von Schulunterricht sind (wie „anderen zu helfen“, „sich bei einem Spiel lange konzentrieren zu können“, „sich verantwortungsvoll um etwas zu kümmern“).
- Den Tag Revue passieren lassen und ein schönes Erlebnis erinnern. Um ein positives Selbstvertrauen aufzubauen, muß oftmals zunächst der Blick für positive Ereignisse geschärft werden. Dazu sollte man es zur Routine werden lassen, an jedem Abend ein schönes Ereignis oder Erlebnis des Tages zu benennen (z. B. eine nettes Gespräch, ein Lob in der Schule, Spaß bei einem Spiel, eine leckere Mahlzeit).

- Dem Kind Verantwortung übertragen, die auch wahrgenommen werden kann. Die Erfahrung, selbst verantwortlich handeln zu können, stärkt auch für die Zukunft die Erwartung eines Kindes, selbst kompetent sein zu können. Als kleine Aufgaben eignen sich z.B. Einkäufe oder die Versorgung eines Haustieres. Werden die Aufgaben erledigt, sollte dies dem Kind durch Lob gezeigt werden.
- Das Kind mit Anforderungen konfrontieren, die es fordern, aber nicht überfordern. Wird ein Kind allzu oft überfordert, stehen die Erfahrungen des Versagens im Vordergrund. Es sollten also solche Anforderungen gewählt werden (z.B. bei der Entscheidung für die Schulform der weiterführenden Schule oder bei Freizeitaktivitäten), die einem Kind Erfolgserlebnisse bringen, die ermutigen, etwas höhere Anforderungen anzunehmen, und die leichte Rückschläge verkraften lassen.
- Bei Kritik die Sache kritisieren, nicht die Persönlichkeit. Hat ein Kind z.B. bei den Hausaufgaben einen Fehler gemacht, sollte lediglich dieser Fehler sachlich kritisiert werden (Also: „Das Ergebnis, das du ausgerechnet hast, ist nicht richtig, versuch es doch noch einmal", und nicht: „Mathe ist ja nicht gerade deine Stärke"). Wenn möglich sollte auch bei der Rückmeldung von Fehlern zunächst positives Verhalten benannt werden, z.B., daß das Kind ja einen interessanten Aufsatz geschrieben hat, dabei aber einige Wörter falsch geschrieben hat.
- Das Kind auch an eigenen Leistungen messen, nicht nur an den Leistungen anderer. Nicht jedes Kind entwickelt sich auf jedem Gebiet in gleichem Tempo, und nicht jedes Kind lernt in der gleichen Zeit Gleiches. Bedauerlicherweise werden Schulnoten zum größten Teil in bezug zu den Leistungen der gesamten Klasse vergeben. So wird ein Kind, daß in einem Fach eine sehr schlechte Note hat, trotz Leistungssteigerungen diese Note wahrscheinlich behalten, wenn die restliche Klasse ihre Leistungen in gleicher Weise oder stärker steigert. Daher sollte zur Leistungsbewertung nicht nur der Vergleich mit anderen, sondern auch der Vergleich mit früheren individuellen Leistungen herangezogen werden – ein Blickwinkel, der auch Kindern helfen kann, sich nicht ausschließlich über den Vergleich mit anderen zu messen.

Hausaufgaben meistern
Die Hausaufgabensituation gehört zu den am häufigsten von Kindern (und auch Eltern) benannten Streßsituationen. Dabei werden von Kindern als Ursache für Streßerleben häufig zu schwere oder aber zu viele Hausaufgaben benannt. Erwachsene bemängeln oft, daß ihre Kinder zu lange mit den Hausaufgaben trödeln und sie ihre Kinder unter Druck setzen müssen, damit sie fertig werden. Dabei kommt es häufig zu Streit zwischen Kindern und Eltern.

Warum die Hausaufgabensituation für so manche Eltern und Kinder zur Belastung wird, kann natürlich noch vielfältige weitere Ursachen haben (so bleibt manchen Kindern wegen zu vieler anderer Termine nur wenig Zeit für Hausarbeiten; andere können wegen Konzentrationsschwierigkeiten ihre Aufmerksamkeit nicht für längere Zeit aufrechterhalten; mancherorts verhindern schlechte Arbeitsbedingungen (Störquellen: Lärm, Enge) effektives Lernen und Arbeiten; manchmal dient die Hausaufgabensituation dazu, andere Konflikte – etwa um Zuneigung oder Macht – stellvertretend bei den Hausaufgaben auszutragen.

Die folgenden Tips zur Gestaltung der Hausaufgaben können daher nur Anregungen sein, die vielen Kindern und Eltern bei den Hausaufgaben helfen können. In manchen Situationen werden sie jedoch nur unzureichende Hilfen darstellen, die den Besonderheiten des Einzelfalles nicht gerecht werden. In solchen Fällen sollte man sich nicht scheuen, fachliche Hilfen, z.B. die schulpsychologischen Beratungsstellen vor Ort, aufzusuchen.

Einige Tips für „streßärmere“ Hausaufgaben:

Wenn es Probleme mit den Hausaufgaben gibt,

- ... Lernatmosphäre schaffen. Die Hausaufgaben jeden Tag zur gleichen Zeit und am gleichen Ort erledigen lassen. Identische Rahmenbedingungen schaffen eine „Atmosphäre“, die den zukünftigen Einstieg in das Arbeiten erleichtert.
- ... Störquellen abschalten. Dem Kind bei den Hausaufgaben eine konzentrationsfördernde und möglichst ablenkungsarme Umgebung bieten. Dazu gehört auch, daß Eltern dem Kind nicht ständig über die Schultern schauen.
- ... erst die Hausaufgaben, dann das Spiel. Kinder sollten die Hausaufgaben machen, bevor sie spielen oder anderen Freizeit-

aktivitäten nachgehen. Abends sind sie meistens zu erschöpft, und dann erfolgen die Hausaufgaben unter Druck.

- ... das Kind für getane Arbeit loben. Ein Kind sollte auch für Phasen konzentrierter Arbeit gelobt werden, nicht nur für möglichst fehlerfreie Hausaufgaben.
- ... ein Aufgabenheft führen. In ein kleines Heftchen trägt das Kind bei der Bekanntgabe der Hausaufgaben für jedes Fach ein, welche Aufgaben es bis zu welchem Zeitpunkt ausführen muß. So behält es die Übersicht über unterschiedliche Schulfächer.
- ... die Hausaufgaben planen. Damit Kinder lernen, den Aufwand von Hausaufgaben einzuschätzen, ist es hilfreich, mit ihnen gemeinsam die Arbeit zu planen. Das Ziel ist, festzustellen, welche Aufgaben mit welchem Aufwand verbunden sind (Zeitdauer, Material, Ausmaß der Konzentration). Ein detaillierter Wochenplan, auf dem festgehalten wird, an welchen Tagen zu welcher Zeit in welcher Reihenfolge Aufgaben erledigt werden, gibt dem Kind dann die erforderliche Orientierung.

2.7 Emotionsregulierende Streßbewältigung

Auf emotionsregulierende Weise Streß zu bewältigen bedeutet, die mit Streßerleben zusammenhängenden Gedanken und Gefühle zu kontrollieren. Meistens geht es darum, die körperliche und psychische Erregung abzuschwächen. Zu diesem Zweck sind unterschiedliche Entspannungsverfahren entwickelt worden, mit denen man willkürlich auf diese Streßfolgen Einfluß nehmen kann. Ein Weg zur Entspannung, der auch für viele Kinder geeignet ist, wird in diesem Teil beschrieben.

Die meisten Menschen kennen jedoch auch ganz persönliche Methoden zur Emotionskontrolle, wobei sie oft nur lernen müssen, diese in Belastungssituationen auch tatsächlich einzusetzen. So legen sich manche Kinder zum Abschalten aufs Bett und hören dabei ihre Lieblingsmusik- oder -hörspielkassette, lesen ein Buch oder träumen von etwas Schönem. Andere Kinder sehen zur Ablenkung von negativen Gedanken und Gefühlen fern, wieder andere können Streßreaktionen durch Aktivität regulieren, indem sie sich beispielsweise beim Sport abreagieren.

Wenn im folgenden also Entspannungsgeschichten vorgestellt

werden, bedeutet dies nicht, daß diese Geschichten den optimalen Weg zu emotionsregulierender Streßbewältigung darstellen. Es sollte mit Kindern immer auch überlegt werden, welche individuellen Strategien dieses Typs sie bereits kennen und einsetzen, und wie diese bei zukünftigen Belastungssituationen noch besser einzusetzen sind.

Entspannungs- und Einschlafgeschichten

Auf den nächsten Seiten finden sich drei Phantasiegeschichten zum Vorlesen, die Kindern auf systematische Weise zur Entspannung verhelfen sollen (z.B. zum Einschlafen, als kurze Erholungspause im Schulunterricht oder vor bzw. nach den Hausaufgaben). Wir haben diese Geschichten so konzipiert, daß Erwachsene auf der Grundlage der vorgestellten Geschichten eigene Phantasiegeschichten weiterentwickeln können. Gemeinsame Grundelemente aller Phantasiegeschichten ermöglichen es Kindern darüber hinaus, sich nach einer Weile auch selbst zu entspannen, ohne daß von anderen etwas vorgelesen werden muß.

Das Grundprinzip der Entspannungsgeschichten besteht darin, daß Kinder in ihrer Phantasie eine Reise an einen Ort unternehmen, an dem sie sich ganz ruhig und sicher fühlen können. Zugleich wird den Kindern ein mit Entspannung verbundenes Wärme- und Schwereempfinden suggeriert. Mit diesen Erlebnissen und Eindrücken kehren sie dann an den Ausgangspunkt der Reise zurück.

Dabei sollten die folgenden Durchführungshinweise beachtet werden:

- Lesen Sie dem Kind die Geschichte an einem ruhigen Ort vor, vielleicht in einem Raum, den Sie ein wenig abdunkeln können. Das hilft Kindern in der ersten Zeit, sich auf die Geschichten zu konzentrieren.
- Während des Zuhörens können die Kinder sitzen oder liegen. Beim Einsatz in Schulklassen empfiehlt es sich, daß die Kinder einen Stuhlkreis bilden, in dem sie alle nach außen schauen. Dann können sich die Kinder während der Entspannung nicht so leicht gegenseitig ansehen oder verunsichern.
- Variieren Sie die Geschichte mit anderen Reisezielen (z.B. einem Baum oder einer Wiese) und anderen Transportmitteln (z.B. Reise auf einem Riesenluftballon über eine Stadt oder

Reise auf dem Rücken einer Schnecke durch einen Garten), wobei Sie den überwiegenden Teil der Geschichten weiterverwenden können.

- Sie können diese Entspannungsübungen als Streßbewältigungsstrategien thematisieren. Dazu helfen nach einer Entspannung Auswertungsfragen zur Geschichte („Wie bist du gereist? Was hast du am Reiseziel erlebt?") und zu den eigenen Reaktionen während der Phantasiereise („Wie hast du dich am Beginn der Reise, wie am Reiseziel, wie am Ende gefühlt? Was hast du gedacht?").
- Wenn Sie die Geschichte als Einschlafgeschichte vorlesen, beenden Sie die Geschichte an der Stelle, wo das Kind die Ruhe und Sicherheit am Reiseziel erfahren hat (siehe auch Hinweis im Text).
- Wenn Sie die Geschichte als Entspannungspause vorlesen, achten Sie darauf, daß die Kinder nach der Geschichte wieder richtig wach werden (z. B. durch kurze Bewegungsübungen).
- Besprechen Sie eine Audiokassette mit den Phantasiegeschichten, wenn das Kind die Entspannung öfter einsetzen möchte. Dann kann das Kind Zeitpunkt und Ort der Entspannung selbst bestimmen.
- Wollen Sie Entspannung öfter einsetzen, können Sie sich natürlich auch auf eine umfangreiche Literatur von Entspannungsgeschichten stützen. Dazu finden sich später Literaturempfehlungen.
- Seien Sie nicht enttäuscht, wenn einem Kind die Geschichten nicht gefallen. Der Wunsch und die Fähigkeit, sich zu entspannen, variiert von Kind zu Kind, und eine Entspannungsübung sollte niemandem aufgezwungen werden.

Phantasiegeschichte „Wolkenreise"

Während du hier sitzt/liegst, werde ich dir eine Geschichte vorlesen. Damit du dir all das, was ich erzähle, gut vorstellen kannst, schließe jetzt deine Augen. Nun stell dir vor, es ist ein schöner, warmer Sommertag. Du liegst auf dem Balkon/der Terrasse auf den weichen Kissen eines Sonnenstuhls. Hier hast du es dir richtig gemütlich gemacht. Du atmest ruhig ein und aus, hier fühlst du dich ruhig und sicher. Nichts stört dich mehr. Warm scheint die Sonne auf deine Kleider, auf deine Beine, deine Arme und dein

Gesicht. Ruhig klopft dein Herz, und dein Atem fließt langsam ein und wieder aus, ein und wieder aus. Du fühlst dich ganz wohl. Du bist ganz locker und entspannt. Deine Arme und Beine sind ganz warm.

Und wie du so liegst, siehst du die flauschigen weißen Wolken vorbeiziehen. Die Wolken brauchen sich gar nicht anzustrengen. Der Wind schiebt sie gemächlich durch die Luft. Du möchtest so gerne mit ihnen fliegen. Und schon sinkt eine Wolke herab und nimmt dich auf ihrem weichen Rücken mit. Hier machst du es dir ganz gemütlich und ruhst dich aus. Du schmiegst dich an die weiche Wolke. Es ist ein wohliges Gefühl, hier zu sitzen. Du bist ganz locker und entspannt. Unter dir spürst du die weiche Wolke, und von oben scheint warm die Sonne auf deinen Körper. Du fühlst dich angenehm warm. Du merkst: Mein Körper ist ganz warm, mein Körper ist ganz warm.

Der warme Wind streicht angenehm über die Wolke hinweg. Es ist, als ob du mit sanften Händen gestreichelt wirst. Das macht der Wind ganz behutsam. Das ist sehr angenehm. Du bist ganz locker und entspannt. Du fühlst, wie deine Arme und Beine schwer werden vom Schaukeln des Windes. Du merkst: Meine Arme sind ganz schwer. Meine Arme sind ganz schwer. Auch bei deinen Beinen merkst du: Meine Beine sind ganz schwer. Meine Beine sind ganz schwer.

Und so schwebst du langsam mit den Wolken dem Himmel entgegen. Du blickst zurück und siehst, wie alles immer kleiner wird, das Haus, in dem du wohnst, und auch die Straße vor dem Haus und alles, was drum herum ist. Hier oben ist alles so leicht, so ruhig, so friedlich. All das, über das du dir vorhin noch Gedanken gemacht hast, ist unten auf dem Boden geblieben. Von hier aus betrachtet, ist alles so bedeutungslos und winzig. Du genießt die Ruhe und Entspannung hier oben auf der Wolke. Du bist ganz locker und entspannt.

Über dir liegt das tiefe Blau des Himmels. Nichts kann dir etwas anhaben. Du bist ganz umhüllt von der warmen und frischen Luft. Ein angenehm frischer Duft gelangt hier oben in deine Nase. Das ist der Duft der frischen sauberen Sommerluft. Es ist ein anregender und wohlriechender Duft. Mit deinem Atem nimmst du diesen Duft in dich auf. Mit jedem Atemzug etwas mehr. Mit jedem Atemzug wird nach und nach dein ganzer Körper von diesem Duft erfüllt. Dabei entspannt sich dein Körper mehr und mehr. Du bist ganz locker und entspannt.

Nach einer Weile beginnt die Wolke wieder zu sinken. Unter dir erkennst du nach und nach den See, die Felder, die Häuser und Straßen, die Gärten und die Bäume, Wiesen und Blumen in den Gärten. Die Geräusche der Straßen dringen von fern an dein Ohr. Deine Wolke sinkt mehr und mehr. Jetzt kannst du auch die Klänge der Gärten erkennen. Du hörst das Zwitschern und Singen der Vögel in den Bäumen. Der Wind trägt diese schönen Töne zu dir. Gerne lauschst du einen Moment lang all diesen Geräuschen. Du sitzt ganz entspannt auf der Wolke, und in deinen Ohren klingen die vielen Geräusche. Sie erfüllen deinen Körper nach und nach. Ein angenehm erfülltes Gefühl durchdringt dich mehr und mehr. Du bist ganz locker und entspannt. Spür noch einmal dieses schöne Gefühl in deinem ganzen Körper. Nimm es ganz deutlich wahr und versuche dir zu merken, wie angenehm es ist. Du fühlst noch einmal die angenehme Wärme in deinem Körper: Mein Körper ist ganz warm. Und du spürst auch, daß deine Arme und Beine angenehm schwer sind. Meine Arme und Beine sind ganz schwer.

Mehr und mehr senkt sich die Wolke. Du blickst von ihr hinunter. Dein Haus wird immer größer und jetzt erkennst du auch wieder den Balkon/die Terrasse. Auf deinem Liegestuhl läßt du dich nieder. Du blickst zurück und freust dich über deinen schönen Ausflug. Du spürst unter dir die warme Liege und denkst dir noch mal: Mein Körper ist ganz warm, und meine Arme und Beine sind ganz schwer. In dir ist das schöne Gefühl. Du bist ganz locker und entspannt. Ein wenig erschöpft von dieser Reise fallen dir die Augen zu, und du träumst noch einmal von all dem, was du erlebt hast.

(Hier ist das Ende der „Einschlafgeschichte"! Soll das Kind nun wieder aus der Entspannung zurückgeholt werden, lesen Sie nach einer kleinen Pause bitte weiter.)

Nun stell dich darauf ein, wieder aus der Geschichte hierher zurückzukehren. Du sitzt/liegst jetzt nicht mehr draußen in der Sonne, sondern hier auf deinem Stuhl/Bett. Spür deinen Körper: deine Arme und Hände, deine Beine und Füße, deinen Rücken und deinen Kopf. Bevor du deine Augen öffnest, atme dreimal tief ein und wieder aus. Dann balle deine Hände zu Fäusten und räkel und streck dich. Und jetzt öffne ganz langsam deine Augen.

Phantasiegeschichte „Bootsfahrt"

Während du hier sitzt/liegst, werde ich dir eine Geschichte vorlesen. Damit du dir all das, was ich erzähle, gut vorstellen kannst, schließe jetzt deine Augen. Nun stell dir vor, es ist ein schöner, warmer Sommertag. Du liegst auf einem Bootssteg an einem See und blickst auf das weite Wasser hinaus. Hier hast du es dir richtig gemütlich gemacht. Du atmest ruhig ein und aus, hier fühlst du dich ruhig und sicher. Nichts stört dich mehr. Warm scheint die Sonne auf deine Kleider, auf deine Beine, deine Arme und dein Gesicht. Ruhig klopft dein Herz, und dein Atem fließt langsam ein und wieder aus, ein und wieder aus. Du fühlst dich ganz wohl. Du bist ganz locker und entspannt. Deine Arme und Beine sind ganz warm.

Und während du auf den See hinausblickst, kommt ganz langsam ein kleines Holzboot auf deinen Steg zu. Ganz gemächlich gleitet dieses kleine Holzboot über das Wasser. Dabei braucht es sich gar nicht anzustrengen, der Wind schiebt es voran. Du möchtest so gerne mit dem Boot mitfahren. Langsam gleitest du in das Boot und legst dich mit dem Rücken auf die breite Sitzbank des Bootes. Hier machst du es dir ganz gemütlich und ruhst dich aus. Es ist ein wohliges Gefühl, hier zu liegen. Du bist ganz locker und entspannt. Unter dir spürst du die weiche Sitzbank, und von oben scheint warm die Sonne auf deinen Körper. Du fühlst dich angenehm warm. Du merkst: Mein Körper ist ganz warm, mein Körper ist ganz warm.

Der warme Wind streicht angenehm über dich und das Boot hinweg. Es ist, als ob du mit sanften Händen gestreichelt wirst. Das macht der Wind ganz behutsam. Das ist sehr angenehm. Du bist ganz locker und entspannt. Du fühlst, wie deine Arme und Beine schwer werden vom leichten Schaukeln des Bootes auf dem Wasser. Du merkst: Meine Arme sind ganz schwer. Meine Arme sind ganz schwer. Auch bei deinen Beinen merkst du: Meine Beine sind ganz schwer. Meine Beine sind ganz schwer.

Und so gleitest du langsam mit dem Boot auf den See hinaus. Über dir siehst du, wie sich langsam einige Wolken am Himmel entlangschieben. Und auch manche Vögel ziehen gekonnt ihre Bahnen hoch oben am Himmel. Alles ist so weit weg. In deinem Boot ist alles so leicht, so ruhig, so friedlich. All das, über das du dir vorhin noch Gedanken gemacht hast, ist drüben am Ufer geblieben. Hier findest du alles so bedeutungslos und winzig. Du genießt die Ruhe und Entspannung im Boot. Du bist ganz locker und entspannt.

Um dich herum liegt die Weite des Sees. Nichts kann dir etwas anhaben. Du bist ganz umhüllt von der warmen und frischen Luft. Ein angenehm frischer Duft gelangt hier draußen in deine Nase. Das ist der Duft der frischen, sauberen Seeluft. Es ist ein anregender und wohlriechender Duft. Mit deinem Atem nimmst du diesen Duft in dich auf. Mit jedem Atemzug etwas mehr. Mit jedem Atemzug wird nach und nach dein ganzer Körper von diesem Duft erfüllt. Dabei entspannt sich dein Körper mehr und mehr. Du bist ganz locker und entspannt.

Nach einer Weile fährt dein Boot langsam wieder zurück. Du erkennst nach und nach das Gezwitscher der Vögel am Ufer und die Stimmen der Leute, die am Ufer sind. Diese Geräusche dringen von fern an dein Ohr. Gerne lauschst du einen Moment lang all diesen Geräuschen. Du liegst ganz entspannt in deinem Boot, und in deinen Ohren klingen die vielen Geräusche. Sie erfüllen deinen Körper nach und nach. Ein angenehm erfülltes Gefühl durchdringt dich mehr und mehr. Du bist ganz locker und entspannt. Spür noch einmal dieses schöne Gefühl in deinem ganzen Körper. Nimm es ganz deutlich wahr und versuche dir zu merken, wie angenehm es ist. Du fühlst noch einmal die angenehme Wärme in deinem Körper: Mein Körper ist ganz warm. Und du spürst auch, daß deine Arme und Beine angenehm schwer sind. Meine Arme und Beine sind ganz schwer.

Fast unmerklich wird das Boot langsamer und hält schließlich an dem Steg, von dem aus deine Reise begann. Du gleitest aus dem Boot und läßt dich wieder auf dem Steg nieder. Du blickst zurück und freust dich über deinen schönen Ausflug. Du spürst unter dir das warme Holz des Steges und denkst dir noch mal: Mein Körper ist ganz warm, und meine Arme und Beine sind ganz schwer. In dir ist das schöne Gefühl. Du bist ganz locker und entspannt. Ein wenig erschöpft von dieser Reise fallen dir die Augen zu, und du träumst noch einmal von all dem, was du erlebt hast.

(Hier ist das Ende der „Einschlafgeschichte"! Soll das Kind nun wieder aus der Entspannung zurückgeholt werden, lesen Sie nach einer kleinen Pause bitte weiter.)

Nun stell dich darauf ein, wieder aus der Geschichte hierher zurückzukehren. Du sitzt/liegst jetzt nicht mehr draußen in der Sonne, sondern hier auf deinem Stuhl/Bett. Spür deinen Körper: deine Arme und Hände, deine Beine und Füße, deinen Rücken und deinen Kopf. Bevor du deine Augen öffnest, atme dreimal tief ein und wieder aus. Dann balle deine Hände zu Fäusten und räkel und streck dich. Und jetzt öffne ganz langsam deine Augen.

Phantasiegeschichte „Wüstenschiff"
Während du hier sitzt/liegst, werde ich dir eine Geschichte vorlesen. Damit du dir all das, was ich erzähle, gut vorstellen kannst, schließe jetzt deine Augen. Nun stell dir vor, es ist ein schöner, warmer Sommertag. Du liegst an deiner Lieblingswiese und blickst weit in die Landschaft. Hier hast du es dir richtig gemütlich gemacht. Du atmest ruhig ein und aus, hier fühlst du dich ruhig und sicher. Nichts stört dich mehr. Warm scheint die Sonne auf deine Kleider, auf deine Beine, deine Arme und dein Gesicht. Ruhig klopft dein Herz, und dein Atem fließt langsam ein und wieder aus, ein und wieder aus. Du fühlst dich ganz wohl. Du bist ganz locker und entspannt. Deine Arme und Beine sind ganz warm.

Und während du deinen Blick ins Weite schweifen läßt, kommt eine Karawane aus drei Kamelen heran und bleibt in einem sicheren Abstand stehen. Ein Kamel senkt sich langsam herab, und du setzt dich auf seinen großen, breiten Sitz. Du brauchst dich dabei gar nicht anzustrengen, so tief hat sich das Kamel herabgelassen. Auf dem Sitz machst du es dir ganz gemütlich und ruhst dich aus. Es ist ein wohliges Gefühl, hier zu liegen. Du bist ganz locker und entspannt. Unter dir spürst du die weiche Sitzbank, und von oben scheint warm die Sonne auf deinen Körper. Du fühlst dich angenehm warm. Du merkst: Mein Körper ist ganz warm, mein Körper ist ganz warm.

Du spürst, wie sich das Kamel langsam und gemächlich erhebt. Dabei streicht der warme Wind angenehm über dich hinweg. Es ist, als ob du mit sanften Händen gestreichelt wirst. Das macht der Wind ganz behutsam. Das ist sehr angenehm. Du bist ganz locker und entspannt. Du fühlst, wie deine Arme und Beine schwer werden vom leichten Schaukeln des Kamels. Du merkst: Meine Arme sind ganz schwer. Meine Arme sind ganz schwer. Auch bei deinen

Beinen merkst du: Meine Beine sind ganz schwer. Meine Beine sind ganz schwer.

Und so schwebst du langsam mit der Karawane in die Ferne. Über dir siehst du, wie langsam einige Wolken am Himmel entlangschweben. Und auch manche Vögel ziehen gekonnt ihre Bahnen hoch oben am Himmel. Alles ist so weit weg. Hier ist alles so leicht, so ruhig, so friedlich. All das, über das du dir vorhin noch Gedanken gemacht hast, ist weit weg auf der Wiese geblieben. Hier findest du alles so bedeutungslos und winzig. Du genießt die Ruhe und Entspannung auf dem Kamel. Du bist ganz locker und entspannt.

Um dich herum liegt nun die Weite einer Wüste. Nichts kann dir etwas anhaben. Und während du in eine saftige, grüne Wüstenoase hineinreitest, wirst du ganz umhüllt von einer warmen und frischen Luft. Ein angenehm frischer Duft gelangt hier draußen in deine Nase. Es ist ein anregender und wohlriechender Duft. Mit deinem Atem nimmst du diesen Duft in dich auf. Mit jedem Atemzug etwas mehr. Mit jedem Atemzug wird nach und nach dein ganzer Körper von diesem Duft erfüllt. Dabei entspannt sich dein Körper mehr und mehr. Du bist ganz locker und entspannt.

Nach einer Weile schreitet die Karawane langsam wieder zurück, aus der Oase heraus und durch die Wüste. Ganz ruhig und friedlich ist es hier draußen in der Wüste. Und während du dich langsam wieder deiner Wiese näherst, erkennst du nach und nach das Gezwitscher der Vögel über der Wiese und die Stimmen einiger Leute, die auf der Wiese sind. Diese Geräusche dringen von fern an dein Ohr. Gerne lauschst du einen Moment lang all diesen Geräuschen. Du sitzt ganz entspannt auf deinem Kamel, und in deinen Ohren klingen die vielen Geräusche. Sie erfüllen deinen Körper nach und nach. Ein angenehm erfülltes Gefühl durchdringt dich mehr und mehr. Du bist ganz locker und entspannt. Spür noch einmal dieses schöne Gefühl in deinem ganzen Körper. Nimm es ganz deutlich wahr und versuche dir zu merken, wie angenehm es ist. Du fühlst noch einmal die angenehme Wärme in deinem Körper: Mein Körper ist ganz warm. Und du spürst auch, daß deine Arme und Beine angenehm schwer sind. Meine Arme und Beine sind ganz schwer.

Fast unmerklich wird die Karawane langsamer und hält

schließlich an der Stelle, an der sie dich vor einiger Zeit aufgenommen hat. Dein Kamel senkt sich langsam herab, und du gleitest zurück an deinen Platz auf der Wiese. Du blickst zurück und freust dich über deinen schönen Ausflug. Du spürst das weiche Gras der Wiese unter dir und denkst dir noch mal: Mein Körper ist ganz warm, und meine Arme und Beine sind ganz schwer. In dir ist das schöne Gefühl. Du bist ganz locker und entspannt. Ein wenig erschöpft von dieser Reise fallen dir die Augen zu, und du träumst noch einmal von all dem, was du erlebt hast.

(Hier ist das Ende der „Einschlafgeschichte"! Soll das Kind nun wieder aus der Entspannung zurückgeholt werden, lesen Sie nach einer kleinen Pause bitte weiter.)

Nun stell dich darauf ein, wieder aus der Geschichte hierher zurückzukehren. Du sitzt/liegst jetzt nicht mehr draußen in der Sonne, sondern hier auf deinem Stuhl/Bett. Spür deinen Körper: deine Arme und Hände, deine Beine und Füße, deinen Rücken und deinen Kopf. Bevor du deine Augen öffnest, atme dreimal tief ein und wieder aus. Dann balle deine Hände zu Fäusten und räkel und streck dich. Und jetzt öffne ganz langsam deine Augen.

Sollte ein Kind Gefallen an Entspannungsgeschichten gefunden haben, können Sie neben dem selbständigen Variieren der vorgeschlagenen Phantasiereisen auf eine Reihe von Büchern zur Entspannung für und mit Kindern zurückgreifen. Die folgenden Literaturtips stellen nur eine kleine Auswahl dar:

- Dörner, K./ Nebel, C./ Redlich, A. (1995): *Geschichten für gestreßte Kinder. Vorlesegeschichten zum Entspannen und Mutigwerden.* Freiburg: Herder.
- Friedrich, S./ Friebel, V. (1993): *Entspannung für Kinder. Übungen zur Konzentration und gegen Ängste.* Reinbek bei Hamburg: Rowohlt.
- Müller, E. (1995): *Auf der Silberlichtstraße des Mondes.* Frankfurt am Main: Fischer Taschenbuch.

In diesem letzten Abschnitt standen Ruheübungen zur emotionsorientierten Streßbewältigung im Vordergrund der Darstellung. Dabei sollten andere Formen des Belastungsausgleichs nicht vergessen werden, wie z. B. zu spielen und Spaß zu haben.

Das bedeutet, daß Kinder Freiräume brauchen, das zu tun, wozu sie gerade Lust haben. Denn häufig sind andere Freizeitaktivitäten (wie das Training in einem Sportverein oder das Erlernen eines Musikinstrumentes) mit ähnlichem Leistungs- und Prüfungsdruck verbunden wie Schulunterricht. Solche Aktivitäten alleine reichen vielen Kindern als Belastungsausgleich nicht aus. Sie können im Gegenteil sogar zu einer zusätzlichen Belastung werden, wenn sie zusammen mit den Hausaufgaben keinen Raum mehr für Freizeit im Sinne freier, unverplanter Zeit lassen. Den Erwachsenen kommt dabei die Aufgabe zu, Kindern diese „freie Zeit" zu lassen oder zu schaffen. Daneben können sie sich natürlich an der einen oder anderen Aktivität selbst beteiligen (wie z.B ins Kino gehen, zusammen kochen, ein Spiel spielen) und selber Spaß haben.

Gemeinsam Spaß zu haben, das kann auch ein Aspekt bei allen Übungen sein, die gemeinsam mit Kindern durchgeführt werden können. Das Thema Streßerleben von Kindern sollte nicht verharmlost oder verniedlicht werden. Doch das beste Klima zum Vermitteln neuer Streßbewältigungsstrategien wird dann geschaffen, wenn man unverkrampft mit Kindern über das Thema spricht und bei der einen oder anderen Übung zunächst auch einmal gemeinsam „herumblödeln" kann. Denn wenn Lachen die beste Medizin ist, wie der Volksmund behauptet, dann wirkt es sicher ganz besonders bei Streß und zur Streßbewältigung.

V. Quellen und weiterführende Literatur

Die hervorgehobenen Literaturangaben werden zur Vertiefung besonders empfohlen

Block, J. H./ Block, J./ Gjerde, P. F. (1986): The personality of children prior to divorce: A prospective study. *Child Development, 57*, 827–840.

Bodenmann, G. (1997): Streß und Coping als Prozeß. In: C. Tesch-Römer/ C. Salewski/ G. Schwarz (Hrsg.): *Psychologie der Bewältigung* (S. 74–92). Weinheim: Psychologie Verlags Union.

Bornhaupt, B. von / Hurrelmann, K. (1991): *Kinder im Streß. Ein Ratgeber für die Lebensprobleme der 6- bis 16jährigen.* Weinheim: Beltz.

Bullinger, M./ Guski, R. (1997): Befindlichkeitsstörungen durch Umweltbelastungen: Gegenstand gesundheitswissenschaftlicher Forschung. *Zeitschrift für Gesundheitswissenschaften, 3*, 49–66.

Bundeszentrale für gesundheitliche Aufklärung (1982): Teilband E: *Medikamentenkonsum.* Köln.

Cherlin, A. J./ Furstenberg, F. F./ Chase-Landsdale, P. L./ Kiernan, K. E./ Robins, P. K./ Morison, D. R./ Teitler, J. O. (1991): Longitudinal studies of effects of divorce on children in Great Britain and the United States. *Science, 252*, 1386–1389.

Dörner, K./ Nebel, C./ Redlich, A. (1995): *Geschichten für gestreßte Kinder. Vorlesegeschichten zum Entspannen und Mutigwerden.* Freiburg: Herder.

Elkind, D. (1995): *Das gehetzte Kind. Werden unsere Kleinen zu schnell groß?* Bergisch-Gladbach: Bastei-Lübbe. 3. Auflage.

Engel, U./ Hurrelmann, K. (1989): *Psychosoziale Belastung im Jugendalter.* Berlin: De Gruyter.

Friedrich, S./ Friebel, V. (1993): *Entspannung für Kinder. Übungen zur Konzentration und gegen Ängste.* Reinbek bei Hamburg: Rowohlt.

Humphrey, J. H./ Humphrey, J. N. (1981): Factors which induce stress in teachers. *Stress, 2*, 4.

Hurrelmann, K. (1994): *Familienstreß, Schulstreß, Freizeitstreß. Gesundheitsförderung für Kinder und Jugendliche.* Weinheim: Beltz (2. Auflage).

Klein-Heßling, J. (1997): *Streßbewältigungstrainings für Kinder: Eine Evaluation.* Tübingen: DGVT.

Klein-Heßling, J./ Lohaus, A. (1998): *Bleib locker: Ein Streßpräventionstraining für Kinder im Grundschulalter.* Göttingen: Hogrefe.

Lang, S. (1985): *Lebensbedingungen und Lebensqualität von Kindern.* Frankfurt am Main: Campus.

Lazarus, R. S. (1966): *Psychological stress and the coping process.* New York: McGraw Hill.

Lazarus, R. S./ Launier, R. (1981): Streßbezogene Transaktionen zwischen Person und Umwelt. In: J. R. Nitsch (Hrsg.), *Streß. Theorien, Untersuchungen, Maßnahmen* (S. 213–260). Bern: Huber.

Lohaus, A. (1990): *Gesundheit und Krankheit aus der Sicht von Kindern.* Göttingen: Hogrefe.

Lohaus, A. (1993): *Gesundheitsförderung und Krankheitsprävention im Kindes- und Jugendalter.* Göttingen: Hogrefe.

Lohaus, A./ Fleer, B./ Freytag, P./ Klein-Heßling, J. (1996): *Fragebogen zur Erhebung von Streßerleben und Streßbewältigung im Kindesalter (SSK).* Göttingen: Hogrefe.

Ministerium für Arbeit, Gesundheit und Soziales des Landes NRW (Hrsg.) (1988): *Kinder und Medikamente – Untersuchung über den Medikamentengebrauch von Schulkindern.* Düsseldorf.

Müller, E. (1995): *Auf der Silberlichtstraße des Mondes.* Frankfurt am Main: Fischer Taschenbuch.

Nordlohne, E./ Hurrelmann, K./ Holler, B. (1989): Schulstreß, Gesundheitsprobleme und Medikamentenkonsum. *Prävention, 2*, 47–53.

Yamamoto, K. (1979): Children's ratings of the stressfullness of experiences. *Developmental Psychology, 15*, 581–582.

Ratgeber bei C. H. Beck

Ute Benz
Warum sehen Kinder Gewaltfilme?
1998. 150 Seiten mit 14 Abbildungen. Paperback
Beck'sche Reihe Band 1245

Beate Besten
Sexueller Mißbrauch und wie man Kinder davor schützt
3., neubearbeitete Auflage. 1995. 136 Seiten. Paperback
Beck'sche Reihe Band 445

Reinmar du Bois
Kinderängste
Erkennen - verstehen - helfen
3., durchgesehene Auflage. 1998. 228 Seiten. Paperback
Beck'sche Reihe Band 1137

Jutta Hartmann
Zappelphilipp, Störenfried
Hyperaktive Kinder und ihre Therapie
Mit einem Nachwort von Professor Dr. Reinhard Lempp.
6., unveränderte Auflage. 1997. 124 Seiten. Paperback
Beck'sche Reihe Band 333

Hanne Tügel
Kult ums Kind
Großwerden in der Kaufrauschglitzercybergesellschaft
1996. 174 Seiten. Paperback
Beck'sche Reihe Band 1179

Rolf Wille
Sucht und Drogen und wie man Kinder davor schützt
2., neubearbeitete und erweiterte Auflage. 1997.
150 Seiten. Paperback
Beck'sche Reihe Band 1070